Wohnmobil kompakt
Reisen

Christian Prager/Rainer Höh

IRLAND

TOUREN ▪ TIPS ▪ ADRESSEN

Motor
buch
Verlag

IMPRESSUM

Titelfoto: Christian Prager
Karten: Bernhard Spachmüller, Ingenieurbüro für Kartographie
Texte: Rainer Höh
Bilder: Christian Prager

ISBN 3-613-01834-9

Copyright © by Motorbuch Verlag, Postfach 103743, 70032 Stuttgart.
Ein Unternehmen der Paul Pietsch Verlage GmbH + Co.

1. Auflage 1997

Lektorat: Joachim Kuch
Innengestaltung: Stefanie Götz
Druck: Gulde-Druck, 72070 Tübingen
Bindung: J. Spinner, 77833 Ottersweier
Printed in Germany

INHALT

DER SONNIGE SÜDOSTEN

Von Rosslare Harbour bis Cork

Erste Begegnungen mit irischen Parks, irischer Landschaft und irischer Freundlichkeit; Hook Head und der älteste Leuchtturm Europas. Von der einsamen Klosterruine Dunbrody zur Residenz der Hochkönige auf dem Cashel Rock.

Roscoff. Ja, wer weiß denn schon, wo Roscoff liegt?! Ich hätte es wohl irgendwo in Rußland gesucht, wahrscheinlich am Don. Ganz sicher nicht in der Bretagne. Aber genau dort liegt es. An der Nordwestspitze dieser Landnase des französischen Kopfes. Und genau dort sollte unsere Irlandreise beginnen. In Roscoff, diesem kleinen Hafenstädtchen, so winzig, daß es auf meinem Straßenatlas gar nicht existierte. »Abfahrt am 17.05. um 19.30 Uhr«, stand auf unserem Fährticket. Die »St. Kilian« von Irish Ferries lag bereits im Hafen und sperrte ihr großes Maul auf.

Wenig später hatte sie unser Wohnmobil geschluckt und wir unsere Kabine bezogen. Eine hübsche, geräumige Kabine mit Dusche, WC und einem Bullauge. Die Saison hatte noch nicht begonnen, das Schiff war nicht ausgebucht, und obwohl wir nur eine 2-Bett-Ka-

bine reserviert hatten, gab man uns kurzerhand diese 4-Bett-Außenkabine mit Blick aufs Meer. Herrlich.

Obendrein war dieses Meer, so unglaublich ruhig, wie wir es dem wilden Atlantik nie und nimmer zugetraut hätten. Kaum ein leises Schwanken war zu spüren, als wir im diesigen Abendlicht zwischen den Felsklippen der bretonischen Küste auf die offene See hinausfuhren.

Drive left: Kreisverkehr linkrsrum

Vierzehn Stunden, eine erholsame Nacht und ein kräftiges Frühstück später sind wir in Rosslare Harbour auf der Grünen Insel. »Drive left!«, mahnen uns die Schilder, als wir von der Fähre rumpeln. Kein Problem, auch wenn der erste Kreisverkehr links herum so ungewohnt ist, wie der »Walzer linksrum«. Eine breite, gut ausgebaute Straße führt in Richtung Rosslare und Wexford, aber wir wollen uns gleich bei der ersten Gelegenheit, auf kleinen Nebensträßchen in die Büsche schlagen, um einen ruhigen Parkplatz für die Mittagspause zu finden.

»Gleich da vorne links ab «, empfiehlt meine Frau und Kopilotin. Ich schlage links ein – und schon passiert es.

»Links!«, ruft sie. – »Mach ich doch!«, knurre ich genervt – und dann bemerke ich erschrocken, daß ich mich auf der rechten Straßenseite befinde. Verflucht, so

Die Nachtfahrt mit den komfortablen Fähren von Irish und Brittany Ferries spart einen Urlaubstag.

Herrliche Sonnenuntergänge und Lichtstimmungen erlebt man auf der Grünen Insel fast jeden Tag

schnell wird man zum Geisterfahrer. Beim Abbiegen muß man in den ersten Tagen höllisch aufpassen. Davor hatte uns keiner gewarnt.

Zwischen typisch irischen Heckenwällen hindurch führt uns das schmale Sträßchen schon nach wenigen Kilometern zu einem hübschen Parkplatz direkt an einer Meeresbucht von Ladys Island. Typisch irisch ist auch das Wetter, mit dem uns die Insel empfängt: draußen stürmt und regnet es. Feines Geniesel zunächst, dann reißen die Wolken kurz auf und lassen einen Sonnenstrahl hervorblitzen, um sich Minuten später sofort wieder zu

einer dunklen Wand schließen und einen Pladderregen niedergehen zu lassen, der wie ein nasser Lappen gegen unser Womo-Fenster klatscht.

Na, wenn das schon im »sonnigen« Südosten so kübelt, wie mag es dann im sprichwörtlich regnerischen Donegal erst aussehen?!

Nächste Seite: Johnstown Castle bei Wexford liegt in einem romantischen Park mit exotisch anmutender Vegetation.

Hunde werden in Irland überwiegend zum Schafehüten gehalten. Dieser Kleine wohl auch?

Aber damit müssen wir in den nächsten Wochen leben. Das haben wir gewußt und das stört uns auch nicht. Schließlich sind wir gut vorbereitet und haben uns mit Gummistiefeln und allen GoreTex-Klamotten eingedeckt, die der Kleiderschrank zu bieten hatte. Dazu lange Sportunterwäsche und jede Menge Fleece-Kleidung. Nein, das irische Wetter stört uns nicht im geringsten. Behaglich sitzen wir in unserer geschützten Stube, sehen den Regenschwaden zu, die über die Bucht peitschen, beobachten Möwen, Sturmvögel und Reiher und brutzeln nebenbei ein leckeres Mittagessen. Und doch sollten wir schon bald unser »blaues Wunder« erleben mit diesem irischen Wetter, das wahrhaft immer eine Überraschung parat hat – selbst wenn man noch so gut darauf vorbereitet ist.

Subtropische Pflanzenpracht und Steinzeithütten

Frisch gestärkt brechen wir wieder auf, zu den ersten Stationen des umfangreichen Besichtigungsprogramms, das wir uns für die nächsten Wochen vorgenommen haben. Johnstown Castle ist nicht weit entfernt und rasch erreicht. Wir tuckern an der langgezogenen Burgmauer entlang, um den Eingang zu finden. Nichts. Zweimal fahren wir daran vorbei, bis wir begreifen, daß wir einfach in den Schloßpark hineinfahren müssen. Also manövrieren wir unsere Wohnkiste durch das enge Steintor und fahren mit ungutem Gefühl den Parkweg entlang, bis wir ein Hüttchen erreichen, vor dem ein älterer Herr die Gebühr kassiert, die zugleich die Eintrittsgebühr zu den Gärten ist. Da meine Münzen nicht ganz ausreichen, muß ich mit einem größeren Schein bezahlen. Doch der freundliche Herr scheint lieber die Münzen haben zu wollen.

»Sorry, Sir, aber da fehlen fünf Pence,« sage ich.

»Ah,« lächelt er, »who would argue about five pence – wer wird denn schon wegen fünf Pence streiten!«. So ist das also in Irland.

Auf dem großen Parkplatz zwischen alten Bäumen stehen nur zwei Autos. Vielstimmiges Vogelgezwitscher begrüßt uns, als wir im abklingenden Nieselregen aussteigen, und in den ausgedehnten Anlagen begegnet uns kein Mensch. Das Schloß selbst, früher eines der vielen Besitztümer der Fitzgeralds und heute Sitz des Naturschutzverbandes, ist ein romantisch anmutender neogotischer Bau. Und das in den ehemaligen Wirtschaftsgebäuden untergebrachte Agricultural Museum mit Werkstätten von Schmieden, Wagnern und Korbmachern bietet einen interessanten Einblick in das irische Leben vergangener Zeiten. Was uns aber noch mehr überrascht ist der gepflegte Park mit sei-

ner üppigen Vegetation und seinem Reichtum exotischer Bäume, Sträucher und Blumen. Karges Moor- und Heideland hatten wir auf der Grünen Insel erwartet, aber nicht diese mediterrane Pflanzenpracht. Gewaltige Kiefern, Zypressen und Araukarien, Palmen, haushohe Rhododendren in allen Farben, blutrote Fuchsien höher als unser Wohnmobil und riesenhafte Sumpfgewächse mit mannshohen Stengeln und Blättern so groß wie Regenschirme.

Auf der regenreichen Insel gedeihen wuchernde Urwälder mit üppigen Moosen und Farnen.

Kupferrot leuchten die geschälten Stämme der Korkeichen. Kork ist ein wichtiges Produkt der sardischen Wirtschaft.

Wir kommen aus dem Staunen nicht heraus. Aber diese Pracht soll uns auf der ganzen Insel immer wieder begegnen. Regelmäßige Niederschläge und die Warmwasserheizung des Golfstroms machen es möglich, daß hier wärmeliebende Pflanzen exotischer Regionen nicht nur gedeihen, sondern obendrein doppelt so schnell und so hoch wachsen wie anderswo.

Wieder eine ganz andere Welt erleben wir im Irish National Heritage Park vor den Toren des Städtchens Wexford. In einer amphibischen Landschaft aus Sumpf, Dickicht und Wasser an der Mündung des Flusses Slaney kann man dort in einer zwölf Hektar großen Anlage durch 9.000 Jahre irischer Geschichte spazieren. In der urwüchsigen Sumpflandschaft entdecken wir originalgetreu rekonstruierte Steinzeithütten, einen Dolmen, ein Ganggrab, ein Ringfort und einen prähistorischen Steinkreis, schlüpfen in die dämmerigen Hütten der ersten Bauern und Fischer, streifen durch eine frühchristliche Klosteranlage und eine Wikingerwerft, vor der ein fertiges Drachenboot steht, sehen unseren ersten irischen Rundturm und lernen, was ein »Crannog« ist und ein »Fulacht Fiadh« (s. Glossar).

Wanderdünen und der älteste Leuchtturm

Auf buckeligen und von Hecken gesäumten Sträßchen geht es weiter in Richtung Waterford. Per Zufall entdecken wir auf einer Sandspitze am Meer die Überreste des Dorfes Bannow, das im Treibsand erstickte. Nur die einsame Ruine der Kirche steht noch, umgeben von einem alten Friedhof mit windschiefen Keltenkreuzen, der von den Nachkommen der einstigen Dorfbewohner bis heute benutzt wird.

Ein Abstecher führt uns durch eine reizvolle Landschaft mit Meerblick zur Landzunge Hook Head, auf deren Südspitze der älteste Leuchtturm Europas steht. Bereits im 12. Jahrhundert hat der normannische Heerführer Raymond le Gros ihn errichten lassen, aber auch lange vorher schon haben hier Mönche ein Leuchtfeuer unterhalten, für das ihnen die marodierenden Wikinger so dankbar waren, daß sie – ganz entgegen ihrer sonstigen Art – den frommen Brüdern nie ein Haar krümmten.

Leuchtend weiß und schwarz geringelt hebt sich der dicke Turm vom blauen Himmel ab, denn der Wind hat inzwischen alle Wolken vertrieben, so daß wir nach einer gemütlichen Kaffeepause einen Spaziergang über die windumtosten und von Fossilien gepflasterten Kalkklippen unternehmen. Strandnelken klammern sich in den Spalten fest, und Möwen segeln reglos im Wind, um sich dann plötzlich in das gischtende Wasser zwischen den Felsen zu stürzen.

Die Sonne steht schon tief über der Bucht von Waterford, als wir die Ruine von Dunbrody Abbey erreichen und in Blickweite des imposanten Gemäuers unseren Traumplatz für die erste Nacht in Irland entdecken: ein völlig leerer Parkplatz vor hohen Felsen und einer von Efeu überwucherten Ruine. Daneben, aus unverputztem Bruchstein gemauert und ganz zu den Ruinen passend, ein kleines Museum, das um diese Jahreszeit noch geschlossen hat.

Der Spaziergang durch die Ruinen mitten im Grün der Wiesen wird zu einem Erlebnis, denn wir sind an diesem Abend die einzigen Besucher, und Hecken, hohes Gras und Rankengewucher ringsum erwecken den Eindruck, als sei schon seit Zeiten kein Mensch mehr hier gewesen. Ein blanker, blauer Himmel wölbt sich über der alten Abtei,

Auf der malerischen Landspitze von Hook Head steht der älteste Leuchtturm Europas. (Foto: Rainer Höh)

deren hohes Gemäuer im rötlich-milden Abendlicht erstrahlt. Und während wir später in unserem rollenden Ferien-Cottage beim Abendessen sitzen, entfaltet sich vor dem Panoramafenster ein Blick, daß uns fast die Suppe kalt wird: die untergehende Sonne hat den Himmel flammend rot gefärbt, und davor erhebt sich schwarz und mächtig die gezackte Silhouette des alten Klosters, mit leeren Fenstern durch die der Abendhimmel strahlt.

Die Stammheimat der Kennedys

Unseren Morgenspaziergang unternehmen wir anderntags im John-F.-Kennedy Memorial Park nur wenige Kilometer nördlich der alten Abtei.

Kunstvoll gestaltete Aushängeschilder wie hier in Kilkenny findet man überall auf der Insel.

Aus dem nahen Dörfchen Dungastown ist 1858 der Großvater von John F. nach Amerika ausgewandert, und 110 Jahre später haben Iren aus den USA diesen über 250 Hektar großen Park gestiftet, in dem man 4500 verschiedene Baumarten und Büsche bewundern kann: Mammut- und Eukalyptusbäume, Palmen, Sumpfgewächse und die allgegenwärtigen Rhododendren, die auf der Grünen Insel buchstäblich wie Unkraut wuchern.

In Kilkenny steht eines der 18 Stadien, in denen die sehr beliebten Greyhound-Rennen stattfinden.

Hübsch, hellhäutig und mit roter Haarpracht: eine Inselschönheit wie aus dem Bilderbuch.

Über New Ross steuern wir unser mobiles Heim landeinwärts in das malerische Kleinstädtchen Kilkenny, das auch als das »irische Rothenburg« bezeichnet wird. Alte Häuser aus grauem Stein, enge Gäßchen und schmale Passagen, die »slips« genannt werden, farbenfrohe Ladenfronten und Pubs mit bunten Glasfenstern schmücken das mittelalterliche Städtchen. 1366 wurden hier die berüchtigten Statuten von Kilkenny erlassen, eine Art Apartheidsgesetze, um die Vermischung von Engländern und Iren zu verhindern. Die irische Bevölkerung wurde sogar aus der Stadt verbannt und siedelte sich außerhalb der Tore an, in einem Viertel, das heute noch als Irish Town bekannt ist. Genutzt haben die Gesetze allerdings gar nichts, denn die meisten Engländer wurden rasch irischer als die Iren selbst!

Hauptattraktion Kilkennys, neben seinem malerischen Stadtbild, ist das Kilkenny Castle, eine mächtige, unlängst restaurierte Burg in einer herrlichen Park- und Gartenanlage, die fast 600 Jahre lang im Besitz der einflußreichen Butler-Familie war, bis Lord Ormond, der 30. Hereditary Chief, die immensen Instandhaltungskosten nicht mehr tragen konnte und das Castle für symbolische 50 Pfund an den Staat verkaufte. In den ehemaligen Stallungen südlich der Straße ist heute das sehenswerte Kilkenny Design Cent-

Selbst Autowerkstätten in Kilkenny bezaubern durch ihr malerisch-nostalgisches Erscheinungsbild.

re untergebracht, in dem man Werkstätten und Kunstateliers besichtigen und deren Produkte kaufen kann.

Während unseres Stadtbummels hat der Himmel ein Einsehen und läßt es nur hie und da ganz sachte nieseln, aber kaum sitzen wir wieder im motorisierten Heim, da öffnet er sämtliche Schleusen, und während wir in Richtung Süden nach Waterford steuern, gießt und schüttet es, als solle am selben Nachmittag noch die Welt untergehen.

»Irish Weather«! Was soll's! Aus dem Radio klingt irische Folklore und die Scheibenwischer schlagen den Takt dazu. Wie schön schlechtes Wetter doch sein kann, wenn man im behaglichen Heim durch die Landschaft rollt!

Kurz vor Waterford fahren wir wieder einmal links ran, um die Autos hinter uns vorbeizulassen. Einer der Personenwagen hält ebenfalls an. Eine Frau steigt aus und kommt auf uns zu. Was haben wir denn nun verkehrt gemacht? Gar nichts. Die Dame glaubt nur, wir hätten uns verfahren und kommt durch den strömenden Regen, um uns zu helfen. Wir können es kaum fassen, aber ähnliches sollte uns in den folgenden Wochen noch öfter passieren.

Unser Wohnmobil wird zum Hausboot

Auch hinter Waterford pladdert es fröhlich weiter, daß die ganze Straße schwimmt und wir uns vorkommen wie in einem Hausboot auf dem Ri-

Im letzten Abendlicht steuern wir unser Rollendes Zuhause in Richtung Cahir.

Von Hecken eingefaßte Felder, Wiesen und Weiden säumen die Straßen im Süden der Insel.

ver Shannon. Auch schön! Die Tin Whistle spielt »Danny Boy«, »The Road to Dundee« und andere Folksongs, mal heiter und mal melancholisch. Wir gönnen uns einen Irish Coffee und legen dann mit unserem Hausschiffchen wieder ab, um durch die aufspritzenden Fluten in Richtung Carrick on Suir zu kreuzen.

Unterwegs lesen wir zwei Anhalter auf, die wie begossene Pudel im Regen stehen. Die jungen Burschen scheinen sich zwar nicht viel aus der Sintflut zu machen, sind aber doch froh, ins Trockene zu kommen. Und während wir auf kleinen, land-

schaftlich reizvollen (Wasser-) Straßen entlang dem River Suir dahinschippern, erweisen sie sich als vortreffliche Lotsen.

Bis wir ihren Zielort Cahir erreicht haben, beginnt es unter der dicken Wolkendecke bereits dunkel zu werden, und unsere beiden Lotsen bringen uns zum Parkplatz von Cahir Castle. Wir sehen sie durch den strömenden Regen davonspazieren, als wäre es ein lauer Sommerabend. »Warum eigentlich nicht?!«.

Rock of Cashel

Vom 4. bis zum 12. Jahrhundert diente der hoch aufragende Kalkfelsen von Cashel als Residenz der Könige von Munster, die mit den Hochkönigen von Tara rivalisierten. Der Heilige Patrick persönlich soll Aenghus, den Herrscher von Munster, bekehrt haben. Bei der Taufzeremonie, so heißt es, habe er, um seine Worte zu unterstreichen, mit dem Bischofsstab kraftvoll auf die Erde gerammt und dabei versehentlich den Fuß des Königs getroffen. Davon überzeugt, daß diese Tortur als Mutprobe Teil der Zeremonie sei, biß Aenghus wacker die Zähne zusammen und verzog keine Miene. 977 wurde hier Brian Boru, der legendäre Harfenvirtuose gekrönt, dem schließlich der Sieg über die Wikinger gelang. 1101 schenkte sein Stamm den Felsen mitsamt dem mythischen Königssitz der Kirche, die dort schon wenige Jahre später (1137) die Cormac's Chapel und im 13. Jahrhundert eine gewaltige Kathedrale errichtete. Und an eben dieser Stelle ließ sich 1172 König Heinrich II. zum Herrscher über Irland ausrufen, womit es für fast acht Jahrhunderte mit der Unabhängigkeit Irlands vorbei war.

In GoreTex und irischen Regen gehüllt bummeln wir durch die nächtlichen Straßen. An einer Imbißbude, vor der trotz Nacht und »schauerlichem« Wetter eine Warteschlange steht, holen wir »Fish 'n Chips« und im Pub an der Ecke ein paar Flaschen Guinness. Dann gehen wir wieder »an Bord« und genießen bei Fish 'n Chips mit Guinness den Blick auf die in phantastischen Farben beleuchtete Festungsanlage, deren Bild in den Regenschleiern auf unserer Scheibe verschwimmt.

Riesenhirsch und eine absolute Verrücktheit

Zeitig am folgenden Morgen besuchen wir die Burg, in deren Schutz wir eine ruhige Nacht verbracht haben – zeitig für irische Verhältnisse, denn die Iren sind ein gemütliches Völkchen und vor 9 oder 10 Uhr geht hier so gut wie gar nichts. Die Festung hockt auf einer Insel im River Suir, ist durch mehrere Mauerringe gesichert und wurde ebenfalls von den Butlers gebaut. Besonders beeindruckt mich das Geweih eines vorzeitlichen Riesenhirsches an der Wand der Banketthalle. Diese gewaltigen Viecher mit einem Geweih von bis zu vier Metern Spannweite waren einst in ganz Irland heimisch, und ihre Überreste werden bis heute immer wieder beim Torfstechen freigelegt.

Da es sich ausgeregnet hat, riskieren wir anschließend den halbstündigen Spaziergang am Flußufer entlang zum sogenannten »Swiss Cottage«. Um es gleich zu sagen:

mit einer Schweizer Hütte hat der Bau geradeso wenig zu tun, wie Corned Beef mit Schweizerkäse, aber, mein Gott, so hat man sich eben zu Beginn des 19. Jahrhunderts in Irland eine Schweizerhütte vorgestellt. Das »Cottage« ist wahrhaftig eine Verrücktheit par excellence und schon aus diesem Grund unbedingt sehenswert. Der Earl of Cahir wollte sich damit den romantischen Traum vom einfachen Landleben verwirklichen, ohne auf aristokratischen Luxus zu verzichten. Ein Fußboden aus billigen heimischen Hölzern war natürlich unter der Würde eines Earls. Also ließ er sich einen Boden aus teurem Edelholz legen – und ihn nachher mit Ölfarbe und allerlei Pinselkunst aufwendig bearbeiten, bis er wie ein schlichter Dielenboden aussah. Nichts in der edlen Hütte durfte so kostbar aussehen wie es tatsächlich war. Nichts durfte geradlinig, rechtwinklig oder symmetrisch sein. Mit viel Aufwand und Kunstfertigkeit wurden überall Unebenmäßigkeiten und »Baufehler« eingefügt. Bleiglasfenster, Ebenholz oder Bambusmöbel mußten für teu-

res Geld imitiert werden. Immense Summen wurden investiert, damit der Earl und seine Familie als Bauern verkleidet dem einfachen Landleben frönen konnten. Und am gegenüberliegenden Hang mußte ein Dutzend echter Cottages abgerissen werden, weil ihr ärmliches Aussehen die Idylle getrübt hätte.

Cashel: Dramatisch wie eine Theaterkulisse

Am Nachmittag tuckern wir nordwärts nach Cashel, um den berühmten Rock of Cashel zu sehen.

Dramatisch wie eine theatherkulisse: die uralten Ruinen auf dem Rock of Cashel.

Picknick bei Cashel: dramatische Lichtstimmungen sind typisch für das irische Wetter.

Dunkle Wolken jagen über den Himmel, als wir den Felsen hinaufsteigen, auf dem sich dramatisch wie eine Theaterkulisse die uralte Ruine erhebt. Die kleine Kapelle, die über 850 Jahre unversehrt überstanden hat, schmiegt sich eng an die hohen Mauern der Kathedrale, von denen sie fast erdrückt wird. Sie ist eines der schönsten Beispiele romanischer Baukunst in Irland, während von der einst prunkvollen Kathedrale nur eine imposante aber leere Ruine geblieben ist, in der das Moos wächst und die Dohlen krächzen. Noch überragt werden ihre Mauern von einem Rundturm, dessen Spitze sich hoch in den wolkenverhangenen Himmel bohrt. Ringsum erstreckt sich ein weitläufiger Friedhof

mit uralten Grabsteinen und Keltenkreuzen, und der Blick reicht meilenweit über die Ebene mit ihren durch Hecken parzellierten Weiden und den nahegelegenen Ruinen der Hore Abbey.

Stunden könnte man hier schauen, staunen und so manchen Film verschießen – aber ein erneuter Regenschauer treibt uns hinunter in die schützende Hütte.

»Irish Weather«, lachen wir nur, hängen die tropfenden Regenjacken in den Waschraum und kochen uns einen heißen Kaffee.

Kurz darauf strahlt schon wieder die Sonne über einer blankgewaschenen Landschaft, so daß wir uns dazu entschließen, auch dem Folk Village drunten im Städtchen einen Besuch abzustatten. Und es lohnt sich. Das um einen Hof angeordnete Freilichtmuseum mit einem Tinkerwagen, verschiedenen alten Gebäuden, Läden, Werkstätten und dem Pub »Wild Rober« bietet zwar stellenweise eine recht hausbackenes und zusammengewürfeltes Erscheinungsbild, vermittelt aber einen aufschlußreichen Einblick in das Alltagsleben vergangener Tage.

Am Fuß der Galtee Mountains entlang fahren wir zu den Mitchelstown Höhlen und dann weiter nach Süden in Richtung Küste. Kurz vor Cork, der zweitgrößten Stadt der Republik, holt uns die Sintflut wieder ein. Die steilen Straßen verwandeln sich in Sturzbäche, und so flüchten wir uns zunächst in das nahegelegene Hafenstädtchen Cobh, von dem 1838 das erste Dampfschiff

Am Fuß der Galtee Mountains entlang fahren wir durch das fruchtbare Tal zu den Mitchelstown Höhlen.

nach New York auslief und das bis in die 50er Jahre der wichtigste Transatlantikhafen Irlands war. Hier legte die »*Titanic*« zum letzten Mal an, ehe sie ihre tödliche Begegnung mit

steht, beschließen wir schweren Herzens, die Sehenswürdigkeiten der »Rebel City« Cork links liegen zu lassen, durch die Fluten nach Blarney zu navigieren und auf dessen

Das malerische Hafenstädtchen Cobh war bis in die 50er Jahre der wichtigste Transatlantikhafen Irlands.

dem Eisberg hatte, und von hier starteten die Rettungsschiffe zur Bergung von Überlebenden des Passagierdampfers »*Lusitania*«. An Glanz und Elend der Transatlantik-Schiffahrt erinnern die gelungenen Ausstellungen und Präsentationen im Queenstown Heritage Centre.

Aber uns steht der Sinn im Moment mehr nach einem gemütlichen Pub, in das wir vor den himmlischen Wasserfluten flüchten können, um uns mit einem tüchtigen Steak zu stärken. Und als das Barometer auch eine Stunde später noch immer auf »Weltuntergang«

Besucherparkplatz unser Nachtquartier einzurichten. Dabei hätte Cork und seine Umgebung eine ganze Menge zu bieten: das City Gaol, ein altes Stadtgefängnis, in dem mit gelungenen Showeffekten ein hautnahes Erlebnis des Strafvollzugs im letzten Jahrhundert vermittelt wird, die Royal Gunpowder Mill, eine 1794 gegründete Schießpulverfabrik in Ballincollig, und die unbedingt sehenswerte Brennerei der Irish Destilleries in Midleton, öst-

Abendstimmung über dem Hafen
der an Sehenswürdigkeiten reichen
»Rebel City« Cork.

lich von Cork, in der man eine
ganze Menge über die Geschichte
und Kunst der Whiskeyherstellung
erfährt.

Aber einiges davon haben wir
auf einer früheren Reise schon gesehen und das übrige kann uns jederzeit als guter Vorwand dienen,
die Grüne Insel bald einmal wieder
zu besuchen.

Auch für Antialkoholiker ein Erlebnis:
die historische Whiskybrennerei der
Irish Destilleries in Midleton.

Strecke

Rosslare Harbour-Wexford
(20 km)
Wexford-Hook Head-New Ross
(86 km)
New Ross-Kilkenny-Waterford
(91 km)
Waterford-Cahir-Cashel-Cork
(184 km)

Streckenlänge

Gesamtfahrstrecke mit Abstechern:
ca. 385 km; Direktroute Wexford-Cork
187 km

Straßenzustand

Die Hauptstraße N25 ist breit und gut
ausgebaut, ebenso die streckenweise kurvige N9 und 10 nach Kilkenny
und die N8 von Cashel nach Cork.
Alle Nebenstraßen sind schmal, oft
unübersichtlich und meist kurvenreich, wenngleich es auch dort immer wieder überraschend breitere
und schnurgerade Abschnitte gibt.
Wer hinter Ladys Island weiter zum
Ausgang der Bucht fahren will, gelangt auf einen nur noch spurbreiten
Teerweg (Sackgasse mit Wen-
demöglichkeit am Ende).

Campingplätze

Rosslare: Burrow Holiday Park****
(via N25 und R741), 10.03.-02.11.
Nur einen Spaziergang vom Strand.
Rosslare Holiday Park*** (vom Fähr-
hafen N25, nach 5 km bei Tagoat

rechts auf R736, nach 3 km 3. Straße
rechts), 24.04.-01.10. Drei Minuten
zum Sandstrand.
Wexford: Ferrybank*** (R741 über
die Brücke zur Nordseite der Bucht),
Ostern-Oktober. Direkt am Meer mit
Hallenbad.
Tramore, Co. Waterford: Newtown
Cove**** (R675 Richtung Dungar-
van, 1 km hinter Tramore gegenüber
Golfplatz links), 28.03.-25.09.
Bennettsbridge, Co. Kilkenny: Nore
Valley*** (11 km von Kilkenny via
R700 Richtung Bennettsbridge, vor
der Brücke rechts), 01.03.-31.10.
Ruhige Lage bei Bauernhof; frisches
Gebäck, irisches Frühstück
Kilkenny: Tree Grove** (1,5 km nach
Kilkenny Castle an der R700 Richtung
New Ross hinter dem Kreisverkehr)
ganzjährig.
Carrick-on-Suir: Carrick-on-Suir Ca-
ravan and Camping Park*** (von
Rosslare nach der Ampel 2. rechts,
unter der Eisenbahnbrücke scharf
rechts, nach 200 m links; Rezeption
in Lonergans Shop), 02.01.-20.12.
Cahir, Moorstown: The Apple***
(zwischen Clonmel (9 km) und Cahir
(6 km) an der N24), 09.05.-30.09.
Ruhige Lage auf einem Bauernhof.

Park- und Rastplätze

Lady's Island: Bei Tagoat (Taggart)
links. Parkplatz am Ufer einer vogel-
reichen Bucht, ideal für eine erste
oder letzte Rast auf der Insel. Noch
schöner ist der Platz der Wexford
Widlfowl Reserve (s. Route 6)

Hook Head: Traumhafter Parkplatz beim Leuchtturm mit Blick über Klippen und Meer. Bei starkem Wind nicht zu empfehlen; die Grasfläche davor kann morastig werden

Dunbrody Abbey: Besucherparkplatz eines kleinen Museums in schöner Lage mit Blick auf die Klosterruine; außerhalb der Saison sehr ruhig und idyllisch

Kennedy Memorial Park: großer Besucherparkplatz abseits der Straße; abends sehr ruhig

Cahir: Tagsüber gebührenpflichtiger Parkplatz am Stadtrand mit Blick auf das Schloß; relativ ruhig

Cashel: Gebührenpflichtiger Parkplatz am Stadtrand mit Blick auf die Stadt und den Rock of Cashel

Mitchelstown: Östlich des Ortes ruhiger Wanderparkplatz am Fuß der Galtee Mountains

Fermoy: Südlich des Ortes rechts ab zu einem etwas von der Route entfernten Wanderparkplatz an einem bewaldeten Hang; etwas abschüssig aber sehr ruhig

Sehenswert

Wexford: Johnstown Castle, Park und Museum (Park tägl. 9-17 Uhr; Museum April-Okt. tägl., sonst Mo-Fr 9-17 Uhr); Heritage Park (März-Nov. tägl. 10-19 Uhr, Einlaß bis 17 Uhr); Wildfowl Reserve (Ausstellung Okt.-Mitte April tägl. 10-17 Uhr, sonst 9-18 Uhr, Eintritt frei)

Dunbrody Abbey: Ruine jederzeit zugänglich; Museum nur im Sommer

Kennedy Memorial Park: Mai-Aug. tägl. 10-20 Uhr, April und Sept. bis 18.30, sonst bis 17 Uhr

Kilkenny: Stadtbild; Castle (Juni-Sept. tägl. 10-19 Uhr, April, Mai tägl. 10-17 Uhr, sonst Di-So 10.30-17 Uhr); Smithwick Brauerei (Führungen Juni-Sept. Mo-Fr 15 Uhr; Anmeldung beim Tourist Office); Black Abbey; St Canice's Kathedrale; Umgebung: Jerpoint Abbey (Mitte Juni-Sept. tägl. 9.30-18.30 Uhr, sonst Di-So 10-13 und 14-17 Uhr)

Waterford: Heritage Centre (April-Okt Mo-Fr 10-20 Uhr, Sa 10-17 Uhr); Glasmanufaktur (3 km in Richtung Cork, Führungen Mo-Fr 10-15 Uhr, im Sommer b.B. bis 17 Uhr und auch an Wochenenden)

Carrik-on-Suir: Ormond Castle (Juni-Sept 10-18 Uhr)

Cahir: Castle (tägl. 10-18 Uhr, im Winter tägl. 10-13 und 14-16.30 Uhr); Swiss Cottage (Fußweg vom Parkplatz am Fluß entlang, ca 1/2 Std, Mai-Sept. tägl. 10-18 Uhr, sonst Di-So 10-13 und 14-17 Uhr, Dez. geschl.)

Cashel: Rock of Cashel (tägl. 9.30-16.30 Uhr, im Sommer länger); Folk Village (tägl. 10-19 Uhr, an der Tür klingeln)

Mitchelstown: Höhle

Cobh: Queenstown Heritage Centre im Bahnhof (tägl. 10-18 Uhr)

Cork: City Gaol (April-Okt. tägl. 9.30-19 Uhr, sonst nur Sa/So 10-16 Uhr); Royal Gunpowder Mill (Ballincollig, April-Sept. tägl. 10-18 Uhr); Jameson Heritage Centre (Whiskeybrennerei, Midleton, April-Okt.

tägl. 10-16 Uhr); Blarney Castle und House (Mo-Sa 9-17 Uhr, So 9.30-17.30 Uhr, im Sommer bis 19 Uhr)

Irisch bunt und voller Aushänge-schilder: typische Fassaden an einer Einkaufsstraße von Cork.

DIE SÜDKÜSTE

Von Blarney bis Glengarriff

Alles Blarney und der meist-geküßte Stein. Côte d'Azure in Kinsale und der Piraten-Clan von Baltimore. Strand-vogel-Paradies und Salzsee-Biotop mit Riesenhaien. Ho Tschi Minh Pfad durchs Urwalddickicht und »Ziegen-pfad« entlang der Küste. Von der Roaring Water Bay zur »irischen Insel Mainau«.

Blarney ist jedem Irland-touristen ein Begriff, zumindest jedem amerikanischen. Und jeder will dort gewesen sein. Dabei gibt es hunderte solcher Turmruinen auf der Insel – romantisch, efeuumrankt und meist vergessen. Blarney ist ganz sicher weder die schönste noch die sehenswerteste unter ihnen. Was andere Ruinen so reizvoll macht – ihre geheimnisvolle Atmosphäre und ihr stiller Zauber – das wird man hier ver-

Im prächtigen Herrensitz Blarney House kann man die viktorianische Innenausstattung bewundern.

gebens suchen. Daß ausgerechnet um diese 1446 erbaute Burg ein solcher Rummel gemacht wird, verdankt sie einem Stein und einer Anekdote: Als Dermot MacCarthy, Lord of Blarney, den Eid auf die englische Krone leisten sollte, verstand er es meisterhaft, Elisabeth I. durch eloquente Ausreden immer wieder zu vertrösten, bis der Queen schließlich ihr königlicher Kragen platzte und sie die schmeichlerischen Ausflüchte durchschaute. »This is all Blarney!«, schnaubte sie wutentbrannt, »nichts als leeres Gerede!« – und mit dieser Bedeutung ist »Blarney« in den englischen Sprachgebrauch eingegangen.

Blarney: Ein schwindelerregender Kuß

Viel später erst ist der Aberglaube aufgekommen, wer den Blarney-

Blarney Castle: In schwindelerregender Höhe an der Turmspitze befindet sich der berühmte Blarney Stein.

Stein küsse, erwerbe dadurch die Gabe schmeichlerischer Beredsamkeit. Gerüchte behaupten, der Kalkquader komme aus dem Heiligen Land und sei so etwas wie der Stein der Weisen. Alles Blarney! Aber wie es nun mal ist: die Leute scheinen es zu glauben. Und so stehen sie hoch auf dem Turm in der Schlange, um den Stein zu küssen. Einer nach dem anderen tritt vor, legt sich auf den Rücken und schiebt sich über den schwindelerregenden Abgrund hinaus. »Lower, lower!«, fordert der Betreuer, der aufpaßt, daß nichts passiert.

Was immer man durch diesen akrobatischen Akt gewinnen mag, eines verliert man dabei auf jeden Fall: seine Würde! Aber eine Art magischer »Stein der Weisen« ist dieser Blarney-Quader doch, denn er hat die Ruine tatsächlich in eine Goldgrube verwandelt. Souvenirgeschäfte und Touristenrestaurants haben Hochkonjunktur, und der ganze Ort ist erschreckend kommerzialisiert. Bei unserem Besuch

Blumengarten Irland: Blühende Rosengärten an der Strecke von Cork nach Kinsale.

DIE SÜDKÜSTE

Hübsch herausgeputzte Häuser,
Pubs und zahlreiche Restaurants
säumen die Straßen von Kinsale.

gen. Kinsale heißt unser nächstes Etappenziel. Das winzige Bilderbuchstädtchen mit knapp 2000 Einwohnern schmiegt sich malerisch in eine sanft gerundete Bucht und ist ein Bade- und Ferienort par excellence. Hübsche Häuschen mit Blumenschmuck säumen die romantisch verwinkelten Gäßchen, bunt bemalte Fassaden konkurrieren um den Schönheitspreis, im Sporthafen ankern

am frühen Morgen allerdings gibt es nur wenige Besucher. Der Spaziergang durch den blühenden Park mit Vogelgezwitscher und einem murmelnden Bach bis zu der Festung und weiter zum Blarney House ist ein Genuß. Droben auf der Turmspitze ist das Irische Fernsehen am Drehen. Auch der Produktionschef läßt es sich nicht nehmen, den Stein zu küssen, und da sonst keine willigen Opfer zur Hand sind, kommt er auf meinen Film. Dann aber nichts wie »vom Acker« ehe die Touristenbusse anrücken!

Über kleine, kurvenreiche Sträßchen, die nur alle Jubeljahre einen Touristenreifen zu sehen bekommen, steuern wir nach Süden, um nach all den Abstechern ins Landesinnere endlich der Küste zu fol-

Jachten aus aller Herren Länder und ein Gourmet-Restaurant reiht sich an das andere. In ganz Irland und darüber hinaus ist Kinsale berühmt für seine Küche, die alljährlich im Oktober beim Gourmetfestival ihren Höhepunkt erlebt.

Mediterranes Kinsale und ein Piraten-Clan

Im Sommer drängen sich hier mehr Urlauber als Einheimische, aber wir profitieren wieder einmal von der Gunst der frühen Saison, so daß wir selbst mit unserer dicken Kiste relativ problemlos durch die engen Gäßchen kommen und einen Parkplatz in Zentrumsnähe finden. Der Regen ist vergessen. Beim Bummel durch die farbenfrohen Gassen strahlt eine südländische Sonne vom blauen Himmel und verleiht dem Hafenstädtchen eine geradezu mediterrane Atmosphäre, einen Hauch von Côte d'Azur. Weißgott, dieses Irland hat viele Gesichter!

Um weiter der Küste zu folgen, entscheiden wir uns für das schmale Landsträßchen, das über Timo-

Das Gourmet- und Hafenstädtchen Kinsale schmiegt sich malerisch in eine sanfte Bucht.

Nächste Seite: Abendstimmung über der Bucht von Kinsale, die wegen ihrer mediterranen Atmosphäre berühmt ist.

Der Steinkreis von Drombeg ist wegen seines geringen Umfangs viel anschaulicher als größere Steinkreise.

league nach Clonakilty führt. Es erinnert mehr an einen geteerten Feldweg, führt uns aber durch eine reizvolle Landschaft und ab Kilbrittain direkt am Meer entlang. Die tief ins Land hineingreifenden Buchten sind bei Ebbe trockengefallen. Austernfischer, Möwen, sichelschnäbelige Brachvögel und Strandläufer trippeln über die Sandbänke und stochern im Wattschlamm nach Nahrung. Unter den grauen Mauern der Timoleague Abbey, die sich unmittelbar über einer seichte Meeresbucht erhebt, machen wir Kaffeepause und beobachten die artenreiche Vielfalt gefiederter Strandgäste. Dann geht es auf der breiter ausgebauten Nationalstraße nach Skibbereen.

Eine entspannende Bummelfahrt durch abwechslungsreiche Landschaft. Sanft schaukelt unser Wohnmobil um die zahllosen Kurven, und die zarten Melodien von »Celtic Soft Winds« fangen die zauberhafte Atmosphäre der Hügel- und Weidelandschaft ein, die an unseren Fenstern vorüberzieht. Weiße Möwen segeln im Blau des Himmels. Fuchsienhecken mit feuerroten Blüten wuchern wild am Wegesrand. Wir fühlen uns leicht und losgelöst, als würden wir auf einem fliegenden Teppich durch diese Wunderwelt schweben.

Allmählich wird das Land rauher und die Besiedelung dünner. Die runden Hügel wachsen zu Bergen empor. Auf saftig grünen Weiden grasen langwollige Schafen. Dazwischen liegt immer mehr Brachland, auf dem Erika, Farne und leuchtend gelber Stechginster wuchern. Obwohl wir uns geographisch noch an der Südküste befinden, beginnt hier bereits der irische Westen, dessen großartige Küstenlandschaft zu den Hauptattraktionen Irlands gehört.

In Skibbereen biegen wir links ab, um das winzige Fischerdorf Baltimore an der von Inseln durchsetzten Roaring Water Bay anzusteuern. Einst war es ein berüchtigtes Seeräubernest und Zentrum des O'Driscoll Clans, der von hier aus die Küste unsicher machte. Noch heute stößt man überall auf den Namen O'Driscoll, und der Clan trifft sich hier alljährlich im Juni, um seiner glorreichen Vergangenheit zu gedenken.

Alte Steinbogenbrücken spannen sich über die zahlreichen Bäche und Flüsse der Insel.

Der Süden Irlands bietet auch Kühen ausreichende Weide, während im kargen Norden nur Schafe nährt.

Ho Tschi Minh Pfad und Salzsee mit Fischottern

Schon die Fahrt nach Baltimore ist ein Erlebnis. Mit Ausblicken auf tiefblaue Buchten und felsige Inseln geht es zwischen Wald und Wasser dahin. »Creagh Gardens«, lockt plötzlich ein Schild, und obwohl wir schon eine ganze Reihe von Parks und Gärten gesehen haben, lassen wir uns zu einem Abstecher verleiten – den wir keineswegs bereuen. Es ist einfach unfaßbar, was im feucht-milden irischen Küstenklima an exotischen Gewächsen wuchert. Wie im Traum spazieren wir bei

strahlendem Sonnenschein durch die romantische Szenerie einer menschenleeren Parklandschaft mit Wald und Lichtungen, mit Palmenhainen und urtümlichen Farnbäumen, mit Blütenmeeren, Teichen, Sumpflandschaften und urwaldhaft wuchernden Rhododendren. Durch ein ausgedehntes und baumhohes Rhododendron-Dickicht haben die

Bewahrte Vergangenheit: Ruinen von Kirchen, Cottages und Klöstern sieht man fast überall.

Gärtner einen Dschungelpfad frei-
gehauen. Obwohl draußen die Sonne strahlt, herrscht dort drin ein Ur-
walddunkel, daß man fast eine Ta-
schenlampe braucht und nur mit
Blitzlicht fotografieren kann. »Ho
Tschi Minh Pfad« steht auf einer
schiefen Holztafel am Eingang in
das düstere Gewucher, und genau
so habe ich mir diesen immer vorgestellt.

Ein schmaler und stellenweise extrem steiler Fahrweg mit engen
Haarnadelkurven führt über einen
Bergrücken zum Naturschutzgebiet
Lough Hyne. Am Ende der Sackgasse entdecken wir einen kleinen
Parkplatz direkt am Wasser, still und
abgeschieden wie am Ende der
Welt. Ein traumhaftes Plätzchen. Das
wird unser Nachtquartier! Bei iri-
schem Landbrot, Cheddar Käse
und Guinness sitzen wir am Ufer und
blicken auf die glatte Wasserfläche
hinaus, in der sich ein wolkenloser
Abendhimmel spiegelt. Ein Strandläufer huscht über die Steine, Kor-
morane tauchen nach seltenen Fischen und hinter uns krächzt ein Kol-
krabe im Brombeer- und Ginster-
dickicht, das wie die südländische
Macchia aussieht. Draußen auf einer Insel ragt der zerfallene Turm einer alten Festung aus dem Grün,
kaum erkennbar, da er bis zu den
Zinnen hinauf von Efeu eingewach-

*Prachtvoll blühende Rhododendren
sind eine Augenweide, aber auf
der Insel werden sie als Unkraut be-
kämpft. (Foto: Rainer Höh)*

Außergewöhnliches Biotop: Lough Hyne

Das Naturschutzgebiet von Lough Hyne (auch »Lough Ine« geschrieben) umfaßt ein in ganz Irland einzigartiges Mittelding zwischen Salzsee und Meeresbucht. Eine Verbindung zum offenen Meer hat das von hohen Bergen gesäumte Gewässer nur bei Flut. Dann steigt sein Wasserspiegel um etwa einen Meter. Da aber der Ausgang eng und durch eine Schwelle versperrt ist, fällt er nur langsam wieder und es entstehen richtiggehende Stromschnellen. Während draußen erneut die Flut hereinkommt, sinkt das Wasser im Lough Hyne noch immer, um erst kurz vor dem Höchststand der Flut erneut anzusteigen. Im glasklaren, warmen Wasser dieser Bucht hat sich ein für Irland höchst ungewöhnliches Biotop mit Seesternen, Schwämmen, Rochen und Riesenhaien entwickelt. Sogar Seehunde werden hier gelegentlich gesichtet. Entlang dem Westufer des Sees verläuft ein Weg, auf dem man mit dem Fahrrad bis zum Ausgang der Bucht gelangt und bis nach Baltimore wandern kann.

sen ist. Kein Mensch weit und breit, absolute Stille liegt über dem Wasser. Paradiesisch!

»Was war das?!« – Auf einem winzigen Felsinselchen nahe dem Ufer habe ich ein braunes Felltier entdeckt. Ein Fischotter? Ja, tatsächlich! In den klaren Bächen und Flüssen der Insel soll es viele dieser possierlichen Wassertiere geben, aber daß sie auch im Salzwasser zu Hause sind, ist mir völlig neu. Seeotter sind mir als verspielte Meeresbewohner von der Küste Alaskas vertraut, aber die gibt es hier nicht. Nein, das hier ist eindeutig ein Fischotter. Rasch verschwindet er im Wasser, taucht aber bald wieder auf, und noch lange können wir seinem geschickten Spiel zusehen, während die Sonne versinkt und wir unser Feierabend-Guinness genießen.

Wilde Klippen und einsame Standstrände

Entlang der zerklüfteten Felsenküste der Roaring Water Bay steuern wir die Halbinsel Mizen Head an, die südlichste einer ganzen Reihe von Halbinseln an der Südwestküste, von denen eine schöner als die andere ist und jede ein ganz anderes Gesicht zeigt. Hoch über felsigen Klippen geht es dahin, mit herrlichen Ausblicken und einigen traumhaften Park- und Picknickplätzchen. Ein strahlender Tag, und das Wasser ist ungewöhnlich ruhig. Das ist nicht immer so. Oft macht die Bucht ihrem Namen alle Ehre, wenn die Atlan-

Nächste Seite: Jachthafen in einer geschützten Bucht der von Heide und Mooren durchsetzten Mizen Halbinsel.

tikbrandung brüllend hereindonnert und zwischen den Felsen zergischtet. So manches Schiff liegt hier auf dem Grund – darunter ein Teil der spanischen Armada – und immer wieder wird Strandgut der Wracks angespült.

Ein rostiger Anker der französischen Flotte, die den Iren 1796 die Freiheit bringen sollte, steht nahe Bantry an der Straße: als historisches Denkmal und originelle Wirtshausre-

klame zugleich. Eine Tafel informiert über die historischen Zusammenhänge und darunter steht: »Nicht ganz so historisch, aber für alle die am Verdursten sind genauso interessant, ist die »Anchor Bar«, die dieses Schild aufstellen ließ«.

Ein kleiner Parkplatz mit Blick über Klippen und die stahlblaue Bucht lädt zu einer Pause ein. Direkt daneben erhebt sich, aus gewaltigen Felsblöcken errichtet, ein steinzeitli-

Barley Cove: eine der vielen malerischen Badebuchten entlang der Mizen Halbinsel.

cher Dolmen, der in frühchristlicher Zeit als Altar gedient hat. Einen würdigeren Ort für Gottesdienste kann wohl auch die schönste Kathedrale nicht bieten. Treibende Wolken unterhalten uns mit ihrem Wechselspiel aus Licht und Schatten; leuchtende Teppiche von Strandnelken wiegen sich im Wind und einmal kommt ein Rotkehlchen so nahe an uns heran, daß man es fast mit dem Arm erreichen könnte. Minutenlang

blickt es uns aus seinen schwarzen Perlenaugen an und piept leise, als wolle es eine Unterhaltung anfangen.

Bei Ballydehob beginnt die Rundstrecke über die Mizen-Halbinsel mit ihrer von Mooren durchsetzten Heidelandschaft und schroffen Kalkklippen, die bei Mizen Head

spektakulär ins Meer abfallen. Immer felsiger wird das Land, die grünen Weideflächen sind von mächtigen, weißen Blöcken übersät, und kurz vor Crookhaven erreichen wir eine Stelle, an der sich zu beiden Seiten des kurvigen Teerwegs weiße, menschenleere Sandstrände erstrecken. Crookhaven selbst ist ein winziges gottverlassenes Dörfchen am Rande der Zivilisation, aber gerade deshalb so reizvoll. Jenseits einer blaugrünen Lagune gelegen, hat es gerade noch ein

Cockle Strand in der Barley Cove:
ein beliebter Treffpunkt für Camper
und Wohnmobilisten.

paar Dutzend Einwohner und ein beliebtes Gasthaus.

Ein noch schmaleres Seitensträßchen führt nach Barelycove an der gleichnamigen Bucht, deren Strand im Sommer rammelvoll sein soll, wie es heißt. Wir können uns das kaum vorstellen, denn an diesem strahlenden Frühsommertag sind wir hier die einzigen Gäste. Die Dünen gegenüber dem Hauptstrand sind ein ebenso malerischer wie beliebter Treff von Campern und Wohnmobilisten. Aber für ein Nachtquartier ist es uns noch zu früh am Tag; wir wollen weiter zum Ring of Beara.

Blumenterassen und Mosaiken aus Pompeji

So verlockend ist Beara, daß wir die kleinere und weit weniger bekannte Durrus Halbinsel links liegen lassen, was wir bald heftig bereuen. (Ein weiterer Grund wieder nach Irland zu fahren!). Am gleichen Tag noch lernen wir nämlich auf dem Parkplatz von Bantry House einen Motorradfahrer kennen, der das vergessene Kleinod in den leuchtendsten Farben schildert: »Schon die Fahrt von Durrus nach Kilcrohane war ein Erlebnis«, schwärmt er. »Immer direkt am Meer entlang. Danach geht es über einen kleinen Paß mit grandiosen Ausblicken auf die Küste. Und die malerische Nordroute gehört zu den schönsten Strecken, die ich je gefahren bin! Für eure dicken Kisten dürfte sie allerdings weniger gebaut sein: schmal wie ein Feldweg und recht rauh. Nicht umsonst wird sie Goat's Path genannt, der Ziegenpfad!«

Bantry House beschreiben unsere Reiseführer als ein »hochkarätiges Juwel stilvoller georgianischer Backsteinkunst«, das in »Ehren ergraut« sei. Na ja. Seine Lage hoch

Gut gerüstet für schmale Holperstraßen. Aber auch mit dem Wohnmobil hatten wir selten Probleme.

über der Bantry Bay ist tatsächlich traumhaft, die Gärten mit ihren Skulpturen und den blühenden Terrassen sind ebenfalls sehr schön und von hoch droben bietet auch das Herrenhaus einen reizvollen Anblick. Aus der Nähe betrachtet allerdings wirken seine Mauern eher schäbig. Im Inneren des Prunkbaus kann man die Kunstschätze besichtigen, die der zweite Earl von Bantry während seiner Kavalierstour durch Europa und den Orient gesammelt hat, darunter Mosaiken aus Pompeji, kostbare Gobelins und erlesene Möbel.

Rosa Salon im Bantry House, einem prachtvoll gelegenen Herrenhaus voller Kunstschätze.

Zwanzig Jahre frostfrei: Die irische »Insel Mainau«

Um die malerische Bantry Bay herum schlängelt sich unsere Route nach Glengarriff, das schon in viktorianischer Zeit eine beliebte Sommerfrische des Adels war und heute als die Gartenstadt Irlands bekannt ist – was auf dieser Insel der Parks und Gärten allerhand heißen will. Zur Landseite hin durch hohe Berge abgeschirmt und vom Meer durch den warmen Golfstrom beheizt, hat die grüne Oase seit zwanzig Jahren keinen Frost mehr erlebt und prangt mit einer entsprechend subtropischen Pflanzenpracht. Riesige Pal-

Blick von den Hangterrassen auf die Gartenanlagen von Bantry House nahe Glengarriff.

men, Araukarien und Eukalyptusbäume stehen in den Gärten, so wie bei uns Birken oder Fichten; dazwischen eine Blütenpracht wie im Paradies. Das Sahnehäubchen des mediterranen Pflanzenwunders ist jedoch Garinish Island in der geschützten Bucht, eine Art irisches Gegenstück zur Blumeninsel Mainau und entsprechend frequentiert. Nachdem wir schon so viele Gärten gesehen haben, die wir fast für uns alleine hatten, und die von dieser Blumeninsel kaum noch übertroffen werden können, wollen wir uns das nicht unbedingt antun. Und als uns am Parkplatz bei der Ablegestelle gar noch ein Schild mit Wohnmobilverbot entgegengrinst, machen wir wieder kehrt. Lieber unternehmen wir einen Spaziergang durch die weniger bekannten Wälder des Glengarriff Woods Nationalparks gleich vor den Toren der Stadt.

Doch als wir an der Kreuzung den Wegweiser zum Ring of Beara sehen, verschieben wir auch den Spaziergang flugs auf später und biegen gleich ab. Zu viel haben wir über die wilde Schönheit der Landschaft von Beara gehört, um diesen strahlenden Sonnentag nicht für eine Rundfahrt zu nutzen. Auf geht's, hinaus auf diesen schroffen Gebirgsriegel mit seinen Klippen und Panoramasträßchen!

Tierische Begegnung auf den kleinen Schottersträßchen im Süden der Insel.

Strecke

Abstecher Blarney
(ca. 14 km)
Cork-Inishannon-Kinsale
(ca. 38 km)
Kinsale-Clonakilty
(ca. 48 km)
Clonakilty-Skibbereen
(ca. 35 km)
Abstecher Baltimore und Lough Hyne
(ca. 32 km)
Skibbereen-Mizen Head
(ca. 48 km)
Mizen Head-Bantry
(ca. 45 km)
Abstecher Durrus Halbinsel
(ca. 48 km)
Bantry-Glengarriff
(ca. 22 km)

Straßenzustand

Schmal und kurvig aber gut zu fahren
ist das Sträßchen über Kisnale nach
Clonakilty; breiter und gut ausgebaut
die N71 über Skibbereen nach Glengarriff. Schmal aber schön ist besonders das letzte Stück der Straße nach
Baltimore. Von Baltimore direkt zum
Lough Hyne geht es am Schluß eine
kurze, sehr steile und enge Serpentin-
enstrecke hinunter. Teils schmal aber
gut fahrbar ist die R591 nach Crookhaven.

Streckenlänge

Gesamtstrecke mit Abstechern: ca.
340 km; Direktroute Cork-Glengarriff
130 km

Campingplätze

Blarney: Blarney Caravan&Cam-
ping Park*** (R617 nach Blarney,
ab Esso-Tankstelle beschildert),
ganzjährig
Carrigtwohill, Cork: Jasmine Villa**
(an der N25 zwischen Midleton und
Cork), ganzjährig. 15 km vom Fähr-
hafen
Kinsale: Garrettstown**** (10 km
von Kinsale, R600 durch Ballinspittle,
R604 an der Hauptzufahrt zum
Strand), 02.05.-30.09. Ruhige Lage
auf dem Grundstück eines alten
Herrenhauses, 1 km vom Strand.
Timoleague: Sextons** (an der R600
32 km nach Kinsale, von Timoleague
Richtung Clonakilty), ganzjährig
Clonakilty: Desert House** (N71
nach Clonakilty, ab Kreisverkehr
ausgeschildert), 01.05.-30.09. Auf
einem Bauernhof mit Blick über die
Bucht.
Glandore: The Meadow** (R597
nach Glandore)15.03.-30.09.
Skibbereen: The Hideaway*** (1 km
von Skibbereen an der R596 Rich-
tung Castletownshend), 01.05.-15.09.
Crookhaven: Barleycove****(R591
Richtung Crookhaven), Osterwoche
und 03.05.-14.09. Herrliche Lage am
Strand.
Ballylickey: Eagle Point**** (N71
Bantry-Glengarriff, Einfahrt gegenüber Burmah Tankstelle, 6,5 km hinter
Bantry), 25.04.-30.09. Schöne Lage
auf einer Halbinsel; Kiesstrand; ideal
zum Windsurfen, Segeln und Baden;
Bootsverleih

Park- und Rastplätze

Blarney: großer Besucherparkplatz am Eingang zum Castle; ruhig, bis die Busse anrollen

Kilbrittain: mehrere schön gelegene, kleine Parkplätze an der Gezeitenbucht; ideal, um Seevögel zu beobachten, aber teilweise enge und spitzwinklig abzweigende Zufahrt

Timoleague: schöner Rastplatz zwischen Bucht und Klosterruine; Übernachtungsverbot

Clonakilty-Ross Carbery: Wanderparkplatz mit Übernachtungsmöglichkeit

Lough Hyne: Am Ortende Skibbereen links und wenige km weiter nochmals links in Richtung »Lough Ine«; an der Bucht nochmals links; traumhafter kleiner Parkplatz direkt an der Bucht

Roaring Water Bay: ca. 6 km hinter Skibbereen an der N71 kleiner aber herrlich gelegener Parkplatz bei einem Dolmen mit Blick über Klippen und Bucht

Skull: kurz vor dem Ort Parkplatz mit Blick aufs Meer

Mizen Head: wilder Campingplatz und beliebter Womo-Treff in den Dünen bei Barelycove, westlich von Crookhaven

Um die malerische Bantry Bay herum schlängelt sich die Küstenstraße nach Glengarriff.

Bantry: großer und sehr schön gelegener Besucherparkplatz von Bantry House; wenn man in die Stadt kommt gleich rechts (beschildert)

Glengarriff: mehrere traumhafte Park- und Picknickplätze im Eichenurwald von Glengarriff Woods; Richtung Kenmare kurz hinter dem Ortende links.

Sehenswert

Kinsale: Stadtbild

Timoleague: Klosterruine, Castle Gardens

Clonakilty: West Cork Model Railway Village (Juni-Sept. tägl. 10-21 Uhr, sonst Mo-Sa 10-17 Uhr); Lisnagun Ringfort (östlich der Stadt in Richtung Timoleague, Juni-Sept. tägl. 13-18 Uhr)

Drombeg Steinkreis: hinter Ross Carbery in Richtung Glandore, unterwegs beschilderte Abzweigung

Creagh Gardens: an der Strecke Skibbereen-Baltimore rechts; herrlich und sehr zu empfehlen

Mizen Head: Visitor Centre auf Cloghane Island am südwestlichsten Punkt der Insel und nur über eine schwindelerregende Brücke zu erreichen (Juni-Sept. tägl. 11-17 Uhr)

Bantry: Bantry House und Gardens (tägl. 9-18 Uhr, Sommer bis 20 Uhr)

Glengarriff: Garinish Island März bis Okt. tägl.; Überfahrt ca. 15 Minuten; Glengarriff Woods mit Picknickplätzen und herrlichen Spazierwegen

DER SÜD-WESTEN

Ring of Beara, Ring of Kerry und Dingle Halbinsel

Vom subtropischen Blumen-paradies, durch Eichenur-wald in nordische Bergwild-nis. Amphibische Welten und ein Felsenlabyrinth. Eine Seilbahn übers Meer. »Irische Sahara«, heidnische Rituale und steinzeitliche Bienenkorbhütten. Durch eine Furt zur abenteuerlich-sten Klippenroute Irlands.

Bei der Abzweigung in Glengarriff zum Ring of Beara sind wir auf eine der spektakulärsten und beliebtesten Routen der Insel gelangt. Ring of Beara, Ring of Kerry, Dingle Halbinsel – diese Namen allein bringen Irlandfreunde ins Schwärmen. Und das mit Recht! Diese Küstenrouten sind die Höhepunkte jeder Irlandreise. Hier erwartet den Besucher Natur pur mit schroffen Klippen, endlosen Dünenlandschaften und einsamen Stränden, mit malerischen Fischerdörfern, Reethäusern und farbenfrohen Fassaden, mit Fjorden, Inselchen und atemberaubenden Ausblicken, mit steinzeitlichen Monumenten und frühchristlichen Ruinen, mit abenteuerlichen Paßstraßen, stillen Seen und rauher Bergeinsamkeit. Jede der Rundstrecken hat ihr ganz eigenes Gesicht und jede steckt voller Überraschungen.

Auf saftigen Weiden finden die Produzentinnen irischer Butter ihr aromatisches Futter.

Irische Freundlichkeit und der »Danke-Blinker«

Da die Straße auf Beara zu schmal für Omnibusse ist, steht sie nicht auf dem Reiseplan der Pauschalveranstalter, haben wir gelesen. Um so überraschter sind wir, als wir gleich hinter Glengarriff auf eine der breitesten und am besten ausgebauten Straßen der ganzen Insel gelangen. In Serpentinen schlängelt sie sich über die Bucht empor, heraus aus der Region der Palmen und an kleinen Seen und Moorflächen vorbei. Hoch am Steilhang geht es dann in Richtung Westen mit zahlreichen Picknickplätzen und fantastischen Ausblicken über die Bantry Bay.

Doch schon nach wenigen Kilometern passieren wir ein Schild »Vorsicht Baustelle!«. Und kurz danach sind wir wieder auf den vertrauten irischen Sträßchen: schmal, kurvenreich und buckelig, von Steinmauern oder Hecken gesäumt und mit gelegentlichen Schlaglöchern. Auch schön. So müssen wir die Rundstrecke vorerst noch nicht mit Touristenbussen teilen, und mir sind diese irischen Sträßchen inzwischen sympathisch geworden. Eilig haben sollte man es natürlich nicht. Unsere durchschnittliche Spitzengeschwindigkeit auf diesen Landstraßen liegt zwischen 30 und 40 km/h; mehr als drei Gänge braucht man nur selten. Dafür warten hinter jeder der zahllosen Kurven und Kuppen neue

Beara: kurvenreich und voller Überraschungen windet sich die Küstenstraße am Meer entlang.

Ausblicke und Überraschungen. Uns ist das gemütliche Zockeltempo gerade recht.

Die irischen Fahrer sind so rücksichtsvoll, daß wir mit unserem Wohnmobil auch auf engsten Strecken nie Probleme haben. Wir revanchieren uns, indem wir jede Gelegenheit nutzen, um die Autos von hinten an uns vorbeizulassen. Sie bedanken sich durch Hupen oder Lichtzeichen mit dem Warnblinker, den wir bald nur noch den »Danke-Blinker« nennen. Fast jeder winkt uns freundlich zu. Unfaßlich, wenn man den aggressiven deutschen Straßenverkehr gewöhnt ist. Wunderbar, welch entspannt-har-

Nächste Seite: Urwüchsige Küsten mit Felsen und bizarren Bäumen prägen den bekannten Ring of Beara.

Vom Healy Paß genießt man einen traumhaften Ausblick über den Talkessel des Glanmore Lake.

monische Atmosphäre solch kleine Gesten sofort schaffen. Da ich mit Hart-links-fahren alle Hände voll zu tun habe übernimmt meine bessere Hälfte das Zurückwinken.

»Ich komme mir schon vor wie die Queen persönlich«, sagt sie schmunzelnd und genießt es offensichtlich.

Healy Pass: Wo Norwegen am Mittelmeer liegt

Zwischen wild wachsenden Fuchsienhecken, höher als unser Wohnmobil und voller blutroter Blüten, geht es hinunter nach Adrigole und

dort rechts ab zum Healy Pass, der die Caha Mountains überquert. Kaum haben wir die Abzweigung hinter uns, spüre ich, wie meine Frau förmlich erstarrt. Paßstraßen sind nicht ihr Ding. Genauer gesagt: sie haßt sie wie die Pest. Aber irische Paßstraßen kann man nicht mit Alpenpässen vergleichen. Zwar sind diese Strecken auch hier schmal und eng gewunden, aber schwindelerregende Felsabstürze direkt an der Straßenkante sind höchst selten. Solche Verhältnisse erlebt man eher an Klippenrouten über der donnernden Brandung. Dort aber ist meine bessere Hälfte von den Ausblicken so hingerissen, daß sie ihre Angst glatt vergißt.

Schon auf den ersten Höhenmetern vollzieht sich ein abrupter Wandel: aus der subtropischen Region mit mediterranem Flair gelangen wir unvermittelt in eine rauhe Bergeinsamkeit, die aufs Haar den norwegischen Fjells gleicht. Karge Bergweiden, von Steinblöcken, Geröll und nacktem Fels durchsetzt, langfellige Schafe, die aussehen wie Wollflocken auf Beinen, und ein dünnes Sträßchen, das sich in engen Windungen aufwärts schlängelt. Mit einem Schlag fühle ich mich in mein geliebtes Nordland versetzt. Auch das ist Irland. Mittelmeer und Skandinavien liegen hier buchstäblich nur wenige Kilometer auseinander!

Obwohl an der Küste nach wie vor die Sonne strahlt, fegen Wolkenfetzen durch die Paßhöhe und es ist merklich kühler. Auf der Nordwestseite eröffnet sich ein grandioser Ausblick über den Talkessel und den Glanmore Lake,

dessen Ufer und Inseln ein lila leuchtendes Meer von Rhododendren einfaßt. Dazwischen ragen bizarr geformte Kiefern hervor, recken ihre

Healy Pass: Auf einem schmalen Sträßchen geht es in nordisch anmutendes Bergland hinauf.

Alte Cottages und durch Hecken oder Steinmauern gegliederte Weiden prägen das Landesinnere.

Seitensträßchen. Zwischen den wild wuchernden Rhododendren bleibt gerade Platz genug für unser Wohnmobil. Kaum haben wir den Bach auf einer schmalen Steinbrücke überquert, da verengt sich der Fahrweg bis auf die Spurbreite unseres Fahrzeugs. Zum Wenden ist kein Platz. Also weiter. Durch einen Dschungel von Rhododendron, Stechginster und alten Bäumen geht es das Tal aufwärts. Wie im Traum. Dieses undurchdringliche Gewucher soll in Irland liegen?! Man kommt sich eher wie auf einer Karibikinsel vor oder wie in den Tropen!

Im Schrittempo kriechen wir um die Kurven. Zum Glück gibt es keinen Gegenverkehr. Schließlich ist die Teerdecke kaum breit genug für unsere Reifen und bricht auf beiden Seiten zu tiefen Sumpflöchern ab. Das See-Ende liegt bereits hinter uns und der Karte zufolge wird auch der Fahrweg bald enden. Also wenden! Mit unserem langen Radstand ist das allerdings leichter beschlossen als getan! Eine kleine Ausbuchtung und geduldiges Rangieren machen

Äste und lassen die Szenerie wie ein Gemälde erscheinen.

Wenige Kilometer weiter fahren wir schon wieder durch urige Kiefernwälder, zwischen deren mächtigen Kronen die Sonne herunterflutet. Um den traumhaften Glanmore Lake zu erreichen, biegen wir in ein

*Durch karge, von Steinblöcken über-
säte Bergweiden schlängelt sich die
Straße zum Healy Paß hinauf.*

es schließlich möglich. Auf einem
kleinen Pfad spazieren wir zum Ufer
hinunter, sitzen im Sonnenschein auf
dem warmen Kies und genießen
die grandiose Szenerie. Absolute
Stille und Einsamkeit umgibt uns.

Meine Frau hat den Reiseführer
mitgenommen und zitiert: »Die Teer-
straße endet bei einer Brücke und
geht in einen Pfad über!«. Fragend
blickt sie mich an. »Den sind wir gefahren?!«. »Ja, offensichtlich.« Zur
Nachahmung ist das sicher nicht zu
empfehlen. Hätten wir vorher gewußt, was uns erwartet, dann hätten
wir lieber die Fahrräder vom Ge-
päckträger geschnallt!

*Auf alten Steinbogenbrücken über-
quert die Straße zum Healy Paß kleine Gebirgsbäche.*

Beara: Wasserwelt und Felsenlabyrinth

Durch eine amphibische Welt aus flachen Buchten, Inseln und Meeresarmen, aus Kiesstränden, Felsblöcken und blauen Seen, Moorflächen, Schafweiden und goldenen Irisblüten folgen wir der Küste nach Westen. Ganze Filme könnte man hier verschießen – wenn es nur eine Möglichkeit zum Anhalten gäbe.

Hinter Eyeries (Nah Aorai) mit seinen fantastisch bunten Häusern fällt die Küste steil ins Meer ab. Als schmales Band windet sich die Straße am Hang entlang, jäh hinauf

Dunkel wie das Wasser eines Moorsees ist Irlands »Schwarzes Gold«: Guinness.

und dann wieder hinunter, durch eine Szenerie wie am Ende der Welt. Tatsächlich ist das westliche Ende Europas gar nicht weit entfernt, und wir scheinen die einzigen zu sein, die sich hierher verirrt haben. Eine steil eingekerbte Scharte, eng wie ein Nadelöhr, bringt uns zur Südseite von Cod's Head und eröffnet wiederum eine ganz andere faszinierende Landschaft. Weit reicht der Blick über buckelige Schafweiden, durchsetzt von einem wahren Labyrinth gewaltiger Felsen und Findlingsblöcke, zwischen denen sich die Straße in Schleifen und Kehren hindurchwindet, so daß man wohl bei schlechter Sicht bald jede Orientierung verliert und glaubt, man fahre nur noch im Kreis.

Über der Coulagh Bay versinkt die Sonne glühend rot im Meeresdunst, aus dem in der Ferne die schroffen Zacken der beiden Skelligs Inseln hervorragen. Welch ein Anblick! Selbst die zwischen den Felsen rostenden Überreste der alten Kupferminen erhalten bei diesem Licht ein eigenartig faszinierendes Aussehen. Die Entdeckung von Kupfererz auf ihrem zuvor fast wertlosen Felsengrund hat die Puxley Familie 1810 auf einen Schlag zu steinreichen Leuten gemacht. Weit über tausend Bergarbeiter, darunter viele Frauen und Kinder, schufteten unter unmenschlichen Bedingungen in den 250 m tiefen Schächten. Inzwischen ist das Bergwerk längst geschlossen.

Ein windumtostes Kap zwischen Moskau und New York

Hinter Allihies biegen wir von der Ringstraße ab, um auf einem fadendünnen Sträßchen hoch über dem Meer die westlichste Spitze der Halbinsel zu erreichen. Aus der frischen Brise ist ein angehender Sturm geworden, der unsere Wohnkiste tüchtig beutelt. Dann das Kap: Wie die Schwanzflosse eines gewaltigen Fisches erhebt sich Dursey Island aus dem Meer, ehe das Land endgültig im Ozean versinkt. Dahinter folgt nichts als Wasser. Der nächste Ort liegt in Amerika. Ein sturmgeschüttelter Wegweiser zeigt die Entfernungen nach New York und nach Moskau, und erstaunt stellen wir fest, daß wir von der Ostgrenze Europas wohl fast ebenso weit entfernt sind wie von der Neuen Welt!

Über uns schaukelt im Sturm die Kabine von Irlands einziger Seil-

Wohnmobilisten begegnen sich: unser Weinsberg und ein traditionell irischer 1-PS-Tinkerwagen.

Wohnmobile mit einem PS: Tinkerwagen und Traveller

In keinem Irlandbuch und keinem Reiseprospekt fehlen sie und auch heute begegnet man ihnen auf Irlands Straßen: diesen bunt bemalten, tonnenförmigen Pferdewagen (Barrel Wagons), die als rollendes Zuhause eingerichtet sind. Aber auf den Wagen sitzen nicht mehr die traditionellen Tinker, und wenn man einen der Landfahrer anspricht, so wird er vermutlich in schwäbischem oder Berliner Dialekt antworten. Touristen sind es, die Wagen und Pferd gemietet haben, um für ein par Wochen die Landfahrerromantik zu genießen.

Die rund 20.000 wirklichen Nachfahren der einstigen Tinker in Irland werden heute Traveller genannt, da die alte Bezeichnung als diskriminierend empfunden wird, und sie sind nicht mehr in bunten Pferdewagen unterwegs, sondern leben in alten Wohnwagen und schäbigen Baracken am Straßenrand oder sind als Schrotthändler und Solzialhilfeempfänger in den Städten seßhaft geworden. Kein romantisches Motiv für Touristenkameras, sondern ein soziales Problem.

Bei allen Ähnlichkeiten in der Lebensweise sind die Traveller ethnisch keineswegs mit den Sinti und Roma (Zigeunern) verwand. Letztere sind nie bis nach Irland gekommen; die Traveller sind rein irischer Herkunft. Wo allerdings ihre genauen Ursprünge liegen ist unklar. Nach einer Theorie, sollen sie die Nachfahren keltischer Grundherren sein, die von den Engländern vertrieben wurden, vielleicht sogar die Urenkel einstiger Herrscher, Barden und Druiden. Früher verdienten sie als fahrende Händler, Gelegenheitsarbeiter und Kesselflicker (englisch »tinker«) ihren Lebensunterhalt. Seit die neue Zeit diesen Tätigkeiten die Grundlage entzogen hat, sind viele der Traveller zur erniedrigenden Existenz einer diskriminierten Randgruppe abgesunken, und die bunten Barrel-Wagen sind zur Domäne der Touristen geworden.

bahn. Sie führt über die tobende Gischt hinweg nach Dursey Island hinüber. Die Strömung in der Meerenge ist zeitweise so stark wie in einer Stromschnelle, so daß eine Überquerung mit kleinen Booten gefährlich sein kann. Aber auch an eine Fahrt mit der schwankenden Gondel ist bei diesem Sturmwind nicht zu denken. Selbst bei besserem Wetter gehört eine tüchtige Portion Gottvertrauen dazu, sich den rostigen Drahtseilen anzuvertrauen, denn einen TÜV gibt es für diese Seilbahn natürlich ebenso wenig wie für irische Autos.

Wir vertrauen zumindest darauf, daß uns die Kabine nicht gleich aufs Dach fallen wird und stärken uns in der sturmgeschützten Womo-Stube mit einer heißen Gulaschsuppe, während draußen die Elemente wüten. Grandios anzusehen, solange man in seiner gemütlichen

Ecke kauert. Wellen donnern gegen den nackten Fels unter uns, und die Gischt weht herauf bis an die Fensterscheiben. »It's pleasant to behold from shore/the rolling ship and hear the tempest roar«, hat ein irischer Dichter gereimt.

Aber dann wird uns das Gerüttel doch zu bunt. Nein, übernachten wollen wir lieber nicht auf diesem windgepeitschten Präsentierteller zwischen Fels und Wellen. Also tuckern wir in der hereinbrechenden Dämmerung gen Osten, um uns ein weniger stürmisches Plätzchen zu suchen. Hoch über Castletownbere finden wir es schließlich im Schutz eines steilen Berghanges. Eine herrliche Terrasse mit Blick über die Küstenebene, hinüber zur Bere Insel und auf die Lichter des 1500-Seelen-Fischerstädtchens. Hier parken wir unseren motorisierten »Tinker-Wagen« für die Nacht.

Dunboy Castle: Eine schauerlich-schöne Schloßruine

Erstes Ziel am folgenden Morgen ist die Ruine von Dunboy Castle, nur wenige Kilometer von unserem

Am Hang über einem stillen Meeresarm erhebt sich die geheimnisvolle Ruine von Dunboy Castle.

Nachtquartier entfernt. Sie steht auf einem privaten Landgut, dessen Besitzer gleich hinter den zinnenbewehrten Tortürmen ein Opferkässchen aufgestellt hat, in das Besucher ihren Obolus entrichten können. Für £ 2 pro Nase darf man auf der märchenhaften Halbinsel sogar übernachten. Irgendwelche Einrichtungen gibt es nicht, aber auch so ist der Platz mit seiner unwirklich schönen Atmosphäre eines verwunschenen Schlosses ein echter Geheimtip. Ein schmaler Fahrweg führt uns durch ein Wäldchen, über grüne Weiden und an einem moorigen See vorbei, in dem gerade ein Seidenreiher nach Nahrung stochert. Dann gelangen wir zu einem stillen Meeresarm, gesäumt von blühenden Sträuchern und bizarren Bäumen. Im seichten Uferwasser liegt wie ein toter Wal das Skelett eines alten Kahns, und am Hang darüber erhebt sich die graue, von Efeu überwucherte Ruine des Dunboy Castle, das wie von einem romantischen Bühnenbildner entworfen in diese mystisch-geheimnisvolle Kulisse paßt. Wolken jagen über das leere Gemäuer hinweg und ein leichter Nieselregen fällt, als wir den Hang hinaufstapfen.

Krächzend fliegen zwei Dohlen aus dem Turm. Sonst ist weit und breit kein Lebewesen zu sehen. Schweigend steigen wir über Schutt und Trümmer hinweg und durch die weitläufigen Hallen und Zimmerfluchten. Dach und Zwischendecken sind eingestürzt, so daß der graue Himmel hereinleuchtet. Armdicker Efeu rankt bis zum First empor, und der Wind pfeift schaurig durch die leeren Fensterlöcher. Mächtige Säulenreihen und hochgewölbte Steinbogen künden vom einstigen Reichtum von Copper John Puxley, der diesen gewaltigen Bau Mitte

des letzten Jahrhundert errichten ließ. Im Bürgerkrieg wurde das Castle niedergebrannt, aber auch – oder gerade – als Ruine ist es wohl die beeindruckendste unter den zahlreichen Burgen, die wir auf der Insel kennenlernen.

Am Ende der Landzunge steht gleich die nächste Festung: Puxley Castle, das dem alten irischen Geschlecht der O'Sullivans gehörte. Um 1549 soll sich einer dieses Clans mitsamt der Burg in die Luft gesprengt haben.

Der moosüberwucherte Eichenurwald von Glengarriff

Die weitere Südküste ist nicht so spektakulär wie die übrige Halbinsel, und wenige Stunden später sind wir schon wieder in Glengarriff, wo wir nach Norden biegen, um unseren Spaziergang durch den Glengarriff Woods Nationalpark nachzuholen. Prädikat: unbedingt empfehlenswert! Die Insel mag ja nicht viele Wälder besitzen, aber diejenigen, die sie besitzt (von den neu aufgeforsteten Holzplantagen natürlich abgesehen) gehören zu den großartigsten, die ich je gesehen habe. Aus dem mediterranen Palmenparadies geraten wir unversehens in einen moosbewachsenen Eichenurwald, der noch genauso aussieht, wie die deutschen Urwälder einst ausgesehen haben mögen, als Auerochsen und Bären sie durchstreiften und Hagen von Tronje den Recken Siegfried erschlug. Wahrhaftige Urwälder mit bizarr geformtem Astgewirr, wuchernden Farnen, und Efeugeranke. Auf schmalen Waldpfaden folgen wir einem wildromantischen Bachlauf, der über blankpolierte Felsen plätschert. In der hohen Luftfeuchtigkeit sind sämtliche Stämme und Äste von Moos und zottigen Flechten überzogen. Geheimnisvolles Urwalddämmer hüllt uns ein. Ein wahrer Zauberwald, in dem man jederzeit damit rechnet, Leprechauns, Sidhes oder sonstige Wesen der irischen Anderswelt auftauchen zu sehen.

Wieder zurück bei unserem rollenden Basislager, folgen wir einem anderen Nebensträßchen durch den Nationalpark, das zu dem von Bergen eingerahmten Barley Lake hinaufführen soll. Kilometer um Kilometer tasten wir uns durch Urwald, Farngewucher und Rhododendron-Dickicht, bis das kurvige Sträßchen schmal wie ein Gartenschlauch wird, so daß wir schließlich umkehren. Ein kurzes Stück weiter, so erfahren wir später, hätte es einen kleinen Parkplatz oberhalb des Sees gegeben. Aber zumindest in der Hauptsaison, würden wir von der Befahrung mit dem Wohnmobil unbedingt abraten. Lieber wandern oder das Fahrrad nehmen, auch wenn es stellenweise tüchtig bergauf geht.

Während der Fahrt hinauf in die Caha Mountains folgt schon Minu-

ten später ein weiterer Szenenwechsel: nach Mittelmeer und Eichenurwald plötzlich wieder skandinavische Bergwildnis pur. In Serpentinen geht es zu einem kahlen, windgepeitschten Hochland empor, über dem graue Wolkenfetzen hängen. Unwillkürlich stellen wir uns vor, wie tief sich hier im Winter wohl die Schneeverwehungen türmen – bis wir begreifen, daß es hier so gut wie überhaupt keinen Schnee gibt. Wir sind in Irland! Nicht in Norwegen.

In abenteuerlichen Felsentunneln ohne Beleuchtung geht es durch schroffe Kalkklippen und dann wieder talwärts nach Kenmare, wo wir uns entscheiden müssen, in welcher Richtung wir die 180 km lange Rundstrecke um die Iveragh Halbinsel fahren wollen, die als »Ring of Kerry« berühmt ist und zu den vordersten Favoriten unter den touristischen Top Ten Irlands gehört. Wir entscheiden uns, entgegen dem Uhrzeigersinn zu fahren, denn auf diese Weise kommen wir gleich zweimal durch den Killarney Nationalpark.

Killarney Nationalpark: Blumenoase in nordischer Bergwelt

Wieder kurbeln wir unseren Adriatik in die nordische Fjäll-Einsamkeit hinauf, durch das Felsentor Moll's Gap und zu einer Aussichtsterrasse hoch über der Blumenoase von Lough Leane und Muckross Lake. Durch ei-

Herrlicher Ausblick vom Ladie's View über die Seen und Moore im Tal des Killarney Nationalparks.

ne einzigartige Berg- und Waldlandschaft mit immer neuen Ausblicken gelangen wir hinunter in diese Oase; an den Torc Wasserfällen vorüber und zu den Muckross Gardens. Am Seeufer ersteckt sich eine weitläufige Parklandschaft mit zahlreichen seltenen Baumarten und einer Blütenpracht, die ihresgleichen sucht. Ein Muß, wie wir meinen. Und um diese Jahreszeit hält sich auch der Besucherandrang noch in erträglichen Grenzen. Die Kutscher der pittoresken Jaunting Cars sind allgegenwärtig und für irische Verhältnisse recht offensiv auf Kundschaft aus. Doch bleiben sie dabei stets höflich-korrekte Gentlemen und werden nie aufdringlich, wie manche Reiseführer behaupten.

Muckross House, 1843 im elisabethanischen Stil errichtet, war zeitweise im Besitz der Guinness Familie und wurde dann von einem reichen Amerikaner als Hochzeitsgeschenk für seine Tochter erworben. Heute gehört es dem Staat und bietet als Museum einen Einblick in die Wohnkultur der High Snobiety vergangener Epochen. Interessanter fand ich die Ausstellungen im Keller über Handwerk und Alltagsleben vor über hundert Jahren. Ergänzt werden sie durch das Bauernhausmuseum der Muckross Traditional Farms mit Häusern aus verschiedenen Teilen des Landes. Und schließlich lohnt auch das National Park Centre hinter dem Muckross House

Die Torc Wasserfälle nahe Muckross House lohnen den kurzen Spaziergang von der Straße aus.

Hoch auf den zweirädrigen Jaunting Cars kann man Killarney und die Muckross Gardens kennenlernen.

einen Besuch, wo ein Computer Auskunft zu Themen der irischen Naturkunde gibt.

Nach diesem Intensivprogramm ist es für eine Wanderung durch das berühmte Dunloe Gap fast zu spät. Obwohl diese Bergschlucht zwischen den Macgillycuddy Bergen und den Purple Mountains fraglos ein großartiges Naturerlebnis bietet, ist sie doch inzwischen so stark kommerzialisiert, daß wir uns dafür entscheiden, statt dessen lieber andere Bergtäler zu erkunden, die genauso schön und nahezu menschenleer sind. Durch das schon von Thomas Cook, dem legendären »Erfinder der Pauschalreise« touristisch erschlossene Gap of Dunloe strömen heute Wanderer, Radfahrer, Reiter und eine Karawane von Jaunting Cars. Sogar Autos sollen auf dem breiten Weg fahren dürfen.

Wir unternehmen dafür einen kurzen Abstecher zum Ross Castle (am Ortseingang von Killarney links; der kleine Wegweiser hinter der Tankstelle ist leicht zu übersehen). Die leuchtend weiße Festung liegt in einer malerischen Landschaft direkt am Ufer des Lough Leane und vor der Kulisse der über 1000 m hoch aufragenden Bergkette. In den letzten Jahren gründlich re-

Muckross House: 1843 errichtetes Herrenhaus in malerischer Parkland-schaft am Seeufer.

staudiert, sieht sie jetzt aus wie neu errichtet. Wirklich schmuck – aber dafür fehlt ihr der geheimnisvolle Charme alter Gemäuer, der Dunboy Castle so faszinierend macht.

Heidnisches Ritual: ein Ziegenbock als König

Muckross House bietet Einblicke in die Wohnkultur der Upper Class vergangener Epochen.

Die Touristenmetropole Killarney hinter uns lassend steuern wir über Beaufort wieder der Küste entgegen nach Killorglin. Dem verschlafenen Marktflecken würde man nicht ansehen, daß hier alljährlich Mitte August buchstäblich der Teufel los ist, bzw. der Ziegenbock regiert. »Puck Fair« (von gälisch An Puca = Ziegenbock) nennt sich das mit einem Viehmarkt verbundene Volksfest, das auf uralte Fruchtbarkeitsrituale zurückgeht. Ein besonders prachtvoller Bock wird dabei von der obligatorischen Jungfrau zum König von Killorglin gekrönt und regiert drei Tage lang auf einer Plattform hoch über dem Marktplatz. Die Stimmung ist höchst ausgelassen und offensichtlich in der Tat fruchtbarkeitsfördernd – auch wenn man sich in den letzten Jahren bemüht hat, die wüsteren Auswüchse in Grenzen zu halten.

Wer zu einer anderen Zeit unterwegs ist, kann sich das interessante Kerry Bog Village von Glenbeigh mit rekonstruierten Häusern und Werk-stätten ansehen. Der Weg dorthin führt durch eine ausgedehnte Moorlandschaft und nahe dem malerischen, von Wäldern umgebenen Lough Caragh vorbei. Eine wahre Bilderbuchstrecke. Besonders zu empfehlen ist der Abstecher hinter Glenbeigh rechts zum Rossbeigh Strand: eine ausgedehnte Dünenlandschaft mit fantastischen Stellplätzen und Ausblicken auf die Dingle Halbinsel.

Auch auf der weiteren Strecke hat der Ring of Kerry einiges an Kontrasten und Sehenswürdigkeiten zu

Sneem mit seiner Blumenpracht gewann den irischen Unser-Dorf-soll-schöner-werden-Preis.

bieten: hübsche Buchten und Badestrände, alte Festungen wie das frühchristliche Leacanbuale Fort nahe Caherciveen; die verträumte Insel Valentia, die allerdings etwas von ihrer Idylle verloren hat, seit sie durch eine Brücke mit dem Festland verbunden ist, und Caherdaniel mit seinem langen Sandstrand, dem exotisch anmutenden Derrynane Nationalpark und dem Wohnhaus Daniel O'Connells voller Erinnerungsstücke an diesen Schmuggler und Nationalhelden. Oder den Coonmakista Paß mit seinen Ausblicken auf Meer und Felsen, das Seebad Waterville, vor dem die Atlantikbrecher gegen eine malerische Klippe donnern, und das Staigue Fort, eine keltische Ringfestung an der Südwestseite der Halbinsel (Achtung: die Zufahrt ist für Wohnmobile nicht geeignet). Dazu eine ganze Reihe idyllischer Stellplätze, die allerdings nicht immer leicht zu finden sind.

Der Ring of Kerry ist gewiß nicht zu unrecht eines der beliebtesten Ziele auf der Grünen Insel. Trotzdem verstehen wir nicht ganz, warum er als die Nummer eins unter den Küstenrouten gilt. Uns jedenfalls haben Beara und Dingle noch besser gefallen – und da sind wir uns mit den meisten Wohnmobilisten einig, die wir unterwegs kennenlernen. Welcher von den beiden Routen man allerdings den ersten Platz zuerkennen soll, ist schwer zu sagen. Vielleicht doch Dingle.

Dingle: die »irische Sahara« und ein »blaues Wetterwunder«

Ja, Dingle! Diese noch durch und durch gälische Halbinsel ist weißgott ein Zauberland der Naturschönheiten und Superlative, das jeden ins Schwärmen bringt. Die ersten Kilometer entlang der Südküste sind ja noch wenig spektakulär, aber dann baut sich vor uns eine Dünenlandschaft auf wie eine Fata Morgana. Wir trauen unseren Augen nicht. Endlos zieht sie sich nach Süden und scheint die gesamte Dingle Bay abzuriegeln. Hinter dem Örtchen Inch erreichen wir die Zufahrt, halb von Treibsand verweht. Eine riesige Nehrung erstreckt sich weit ins Meer hinaus. Dünen soweit das Auge reicht. Endlose Sandmassen. Eine irische Sahara!

Wir stellen unsere mobile Strandhütte auf den kleinen Parkplatz und reiben uns verblüfft die Augen. Eine Sandfläche, auf der wohl die ganze Bevölkerung der Insel Platz hätte. Die wenigen Badegäste verlieren sich als kleine Punkte in der unermeßlichen Weite. Kaum vorstellbar, daß die Halbinsel im Sommer »schwarz vor Touristen« sein soll. Stundenlang spazieren wir durch die Dünen und am Strand entlang, ohne auch nur in die Nähe der Landspitze zu kommen. Hinter dem glitzernden Wasser der Bucht erheben sich im Dunst verblaut die Silhouetten der Berge von Iveragh, und über

Schwindelfreies Rindvieh auf den karger werdenden Weiden über den Klippen der Dingle Halbinsel.

uns strahlt eine Sonne vom wolkenlosen Himmel, daß man glauben könnte, am Mittelmeer zu sein oder tatsächlich in der Sahara. Unser eingangs erwähntes »blaues Wetterwunder« bahnt sich an. Im Killarney Nationalpark haben wir zum letzten Mal grauen Himmel erlebt, geregnet hat es schon seit Cork nicht mehr. Und in den nächsten zwei Wochen – entlang der gesamten Küste bis hinauf nach Donegal und wieder zurück bis in die Wicklow Berge

– sollen wir keine Regenwolke mehr zu Gesicht bekommen. Blauer Himmel und Hitze Tag für Tag, ohne Unterbrechung! Fleece und GoreTex bleiben im Kleiderschrank; selbst mit T-Shirt und Shorts ist es oft noch zu heiß.

Auf der Weiterfahrt ändert sich die Szenerie wieder einmal schlagartig. Steil geht es hinauf zu einer Aussichtsterrasse und dann mit weitem Meerblick über den Klippen dahin. Landeinwärts schwenkt die Straße nach Annascaul, schlängelt sich durch ein grünes Bachtal voll gelber Irisblüten und über weite

Weidehänge mit goldenem Ginster, roten Fuchsien und dem geometrischen Muster der Steinmauern bis sie bei dem Fischer- und Ferienort Dingle wieder die Küste erreicht. In dem pittoresken Hafenstädtchen wurde 1970 der Film »Ryans Tochter« mit Robert Mitchum gedreht. Heute verbringt dort die High Society ihre Ferien, und Studenten aus Dublin kommen nach Dingle, um sich in der Sprache ihrer Vorfahren zu üben. Große Sehenswürdigkeiten hat das Städtchen nicht zu bieten, dafür aber über 50 Pubs. Und natürlich »Fungie«, den zahmen Delphin, der sich 1983 aus rätselhaften Gründen dazu entschlossen hat, seinen Artgenossen den Rücken zu kehren, um in der Bucht von Dingle mit den Badegästen zu spielen.

Slea Head, die man auf einer dramatischen Straße umrunden kann. In schwindelerregender Höhe windet sie sich an den senkrechten Klippen entlang, während tief drunten der Atlantik gegen die Felsen anrennt. Die ganze Spitze der Halbinsel ist übersät von frühchristlichen Ruinen und prähistorischen Monumenten: Ogham Steine, die an längst vergangene Geschlechter erinnern, keltische Ringfestungen und kreisrunde, aus Steinen aufgeschichtete Bienenkorbhütten, über tausendjährige Bethäuser, alte Kirchen und Hochkreuze. Dutzende, wenn nicht gar über hundert solcher Stätten liegen zwischen Felsen und Schafweiden verstreut. Einige davon sind ausgeschildert, die meisten jedoch nur auf Fußwanderungen und per Zufall zu entdecken.

Das erste, auf was wir stoßen, ist

Bienenkorb-Hütten und eine atemberaubende Klippenroute

Last not least ist Dingle die westlichste Stadt Europas und die Pforte zu der spektakulären Landspitze von

Malerisch und zugeparkt: typisch irische Straße im Fischer- und Ferienort Dingle.

die Festung Dunbeg hart am Rand einer senkrechten Felsklippe, an der die Brandung nagt. Ein Teil des Ringforts ist bereits in die Tiefe gestürzt. Doch die Überreste der Anlage aus dem 6. Jahrhundert vor Christus sind noch immer beeindruckend. Daß die Besucher trotzdem mehr über den Klippenrand starren als auf die dicken, mörtellos aufgeschichteten Mauern, spricht nicht gegen die Festung, sondern für das Brandungsspektakel, das dort unten tobt.

Wenig weiter halten wir schon wieder an, um die sogenannten »Bienenkorbhütten« oder Clocháns zu besichtigen: aus Kalksteinen aufgeschichtete Rundhütten, deren Wand sich kuppelförmig nach innen neigt wie bei einem Bienenkorb. Man hat in der Umgebung Überreste von rund hundert dieser Hütten gefunden, die an die Trullis in Apulien erinnern.

»Zu Hause auf der Alb haben wir auch genug solcher Steine auf dem Acker. Vielleicht sollten wir sie ebenfalls aufschichten und Eintritt verlangen«, spöttelt meine Frau ohne Ehrfurcht vor der Geschichte. Ein Pfund pro Kopf hat das junge Mädchen am Straßenrand kassiert. Aber es ist den Bauernfamilien zu gönnen, die auf dieser rauhen Landspitze sicher auch so ein karges Dasein führen.

»Nein, die Clocháns waren schon immer da«, beharrt sie, um dann hinter vorgehaltener Hand lächelnd hinzuzufügen: »Wir haben sie nur ein bißchen ausgebessert«.

Wo selbst Maultiere scheuen

Was dann kommt, ist die abenteuerlichste Klippenstraße, die ich je erlebt habe: schmal und an die Steilwand geklebt wie ein Schwalben-

nest führt sie um den Mount Eagle herum, wohl an die hundert Meter hoch über dem tosenden Atlantik. Erwarten Sie nicht, das ich das beschreibe. Das muß man erlebt haben! Durch eine befestigte Furt erreicht man Slea Head, die äußerste Landspitze mit einem kleinen Parkplatz. Draußen schwimmen dunkel und buckelig die Blasket Islands in der wogenden Flut. Dahinter nichts als Wasser – bis nach Amerika.

Bis 1953 waren die Inseln bewohnt und hatten ihren eigenen

Cliffs of Dunquin: von der abenteuerlichen Klippenstraße blickt man hinunter in stille Buchten.

König. Der letzte soll Briefträger gewesen sein. Heute erinnert das hypermodern in die Landschaft geklotzte Blasket Visitor Centre von Dunquin an das Leben auf den Inseln und informiert über die gälische Kultur. Einen weit lebendigeren Eindruck vom harten Leben der Insulaner vermittelt jedoch der Hafen des kleinen Ortes. Auf einer steilen, an den Fels betonierten Rampe geht es zwischen den Klippen in die Tiefe. Aber nicht mit dem Wohnmobil – bloß nicht! Der Weg erinnert fatal an die Anlaufbahn einer Skiflugschanze, und selbst Maultiere sollen dort scheuen!

Fast ebenso spektakulär ist der auf drei Seiten von hohen Felsen eingefaßte Strand zwischen Slea Head und Dunquin, in den glasgrün die Atlantikbrecher branden. Baden allerdings ist dort nicht ratsam, denn es gibt gefährliche Sogströmungen und wie gesagt: das nächste Festland ist dann Amerika!

Einen idyllischen Standplatz für die Nacht finden wir an einer kleinen Bucht nördlich von Dunquin. Auf ein Bad allerdings verzichte ich auch hier, denn Golfstrom hin oder her: das Wasser ist so lausig kalt als würden Eisberge darin schwimmen. Dafür machen wir es uns bei Sonnenuntergang im warmen Sand gemütlich; sitzen mit anderen Wohnmobilisten aus verschiedenen Ländern zusammen, tauschen Erfahrungen aus, grillen Steaks und Lammkoteletts und trinken so man-

ches Guinness auf die Schönheit der Grünen Insel und von Dingle im besonderen.

Tausend Jahre regendicht: das Gallarus Oratory

Früh bei Sonnenaufgang fahren wir am nächsten Morgen durch das malerische Ballyferriter, in dem noch alles im Schlaf liegt, und bewundern das Gallarus Bethaus, das zu den sehenswertesten frühchristlichen Bauten Irlands gehört. Ohne Mörtel aus flachen Steinen sauber gefügt hat es tausend Jahre lang den Elementen getrotzt und sieht noch immer aus wie neu errichtet. Sogar völlig regendicht soll es noch sein, was wir allerdings an diesem strahlenden Frühsommertag nicht überprüfen können. Seine seltsame Form, die an ein umgekipptes Boot erinnert, bildet den Übergang zwischen den runden Bienenkorbhütten und einem rechteckigen Kirchenschiff. Wenige Kilometer weiter nördlich, in Kilmalkedar, steht die Ruine einer im 12. Jahrhundert errichteten Kirche, die in ihrem Inneren den »Alphabetstein« birgt, den einzigen seiner Art in Irland: er übersetzt die alten Oghamzeichen ins lateinische Alphabet des 7. Jahrhunderts.

Nach einem Hafenspaziergang in Dingle wird es Zeit, die wundervolle Halbinsel zu verlassen. Über den Connor Paß, auf dem man sich schon wenige hundert Meter über dem Meer ins Hochgebirge versetzt fühlt, geht es zwischen malerischen Bergseen hindurch zur Brandon Bay mit ihren selbst im Sommer menschenleeren Stränden. Von dieser Bucht aus soll der irische Mönch Brandon im 6. Jahrhundert zu seiner langen Reise im Lederboot abgelegt haben, die ihn über Grönland bis nach Amerika führte. So berichtet die »Navigatio«, eine Schilderung der phantastischen Reise, die im Mittelalter ein wahrer Bestseller der Klosterliteratur war. Exakt den Angaben der Navigatio entsprechend baute Tim Severin das Boot nach und legte 1976 von Brandon Creek ab, um die Reise des Mönches nachzuvollziehen. Mehr als ein Jahr später erreichte er wohlbehalten die kanadische Insel Neufundland und berichtete darüber in seinem lesenswerten Buch »The Brendan Voyage«, das auch ins Deutsche übersetzt wurde.

Über malerische Bergseen empor führt uns die Straße im letzten Abendlicht zum Connor Paß.

Strecke

Ring of Beara: via Adrigole, Healy
Paß, Lauragh, Allihies, Castletownbere
(ca. 125 km);
Abstecher Garnish (16 km); Alternative
Glengarriff-Allihies-Lauragh-Kenmare
(ca. 112 km)
Glengarriff-Kenmare direkt
(29 km)
Kenmare-Killarney
(33 km)
Ring of Kerry
(ca. 180 km)
Killarney-Castemaine
(27 km)
Dingle Halbinsel bis Tralee
(ca. 150 km)

Streckenlänge

Gesamtstrecke mit Abstechern:
ca. 560 km; Direktroute Glengarriff-
Tralee 93 km

Straßenzustand

Der Ring of Beara ist einige Kilometer
hinter Glengarriff breit ausgebaut; danach oft schmal und kurvenreich (besonders um Cod's Head und zum
Kap Dursey) aber einschließlich Healy
Pass auch für Womos fahrbar. Den
Abstecher von Lauragh zum Glanmore Lake sollte man keinesfalls mit dem
Wohnmobil riskieren. Die N71 Glengar-
riff-Kenmare-Killarney sieht über lange
Strecken eher wie eine Landstraße (R)
aus: schmal, kurvig, holperig (aber
schön!). Die Zufahrt zum Barley Lake

ist nichts für Wohnmobile. Der Ring of
Kerry ist als Fernstraße (N70) gekenn-
zeichnet und soll auch für Busse besser fahrbar sein; uns ist kein wesentli-
cher Unterschied zum Ring of Beara
aufgefallen. Die Zufahrt zum Staigue
Fort ist nicht für Womos geeignet, und
die Straßen im bergigen Inneren von
Iveragh sollen extrem schmal sein.
Gut zu fahren ist die Dingle Halbinsel
bis zum Ort Dingle; danach deutlich
schmaler und um Slea Head aben-
teuerlich aus den Klippen gesprengt.

Campingplätze

Glengarriff: Dowlings** (R527 Rich-
tung Castletownbere, 2 km hinter
Glengarriff), Ostern-31.10. Waldige
Lage mit Wandermöglichkeiten
Lauragh: Creveen Lodge** (R574,
vor Lauragh auf Schilder achten),
Ostern-31.10. Kleiner Platz in schöner
Lage
Killarney: Fleming's White Bridge****
(N71 von Kenmare; nach dem Gle-
neagle Hotel vor der Shell Tankstelle
rechts ab, 2 km, beschildert) 15.03.-
31.10. Ruhige und sehr schöne Lage
Flesk Muckross**** (1,5 km von Killarney an der N71 nach Kenmare), Mitte März-Ende Okt., schöne Lage am
Rand des Nationalparks
Glenbeigh: Glenross**** (an der N70
von Killorglin kurz vor Ortseingang
rechts), 09.05.-13.09.
Cahirciveen: Mannix Point** (270 m
von der N70, 1 km westlich des Orts),
15.03.-15.10. Ruhige Lage am Kiesstrand

Waterville: Waterville Park**** (1 km nördlich des Orts, 300 m von der N70), 26.03.-20.09. Schöne Lage mit Blick auf die Bucht

Caherdaniel: Wave Crest**** (1,6 km von Caherdaniel an der N70), 15.03.-12.10. Schöne Lage an der Bucht mit Felsen und Sandstrand

Dingle: Teach An Aragail (von Dingle Richtung Gallarus Oratory, beschildert, 300 m vom Oratory), Ostern-Ende Sept. Europas westlichster Campingplatz; schöne Lage

Castlegregory: Anchor**** (ab Camp ausgeschildert), Ostern-30.09.

Park- und Rastplätze

Glengarriff-Adrigole: mehrere Rast- und Picknickplätze hoch am Hang mit schönem Ausblick aus Meer, aber nahe der Straße

Healy Pass: kleiner Parkplatz mit herrlichem Ausblick nördlich der Paßhöhe (im Sommer sicher recht voll)

Cod's Head: Zwischen Eyeries (Nah Aorai) und Allihies mehrere nicht befestigte Parkplätze in sehr schöner Landschaft und mit traumhaftem Meerblick; außerhalb der Saison sehr ruhig

Garnish: Bei der Drahtseilbahn zur Dursey Insel kleiner schön gelegener Parkplatz oberhalb der Meerenge. Herrlicher Ausblick bis zu den Skelligs, aber bei Wind sehr exponiert

Castletownbere: Wenige Kilometer westlich schöner Park- und Picknickplatz am Hang mit weitem Ausblick

Dunboy Castle: Stellplätze auf privatem Grundstück direkt an der Bucht bei der Ruine; Übernachtung £ 2 pro Kopf; keinerlei Einrichtungen aber traumhafte Lage!

Moll's Gap: großer Parkplatz mit schönem Ausblick aber nicht eben ruhig

Lady's View: straßennaher Parkplatz mit schönem Ausblick aber viel Trubel; schöner fanden wir den Platz auf der Paßhöhe wenige Kilometer vorher (liegt aber ebenfalls dicht an der Straße)

Upper Lake: schön gelegener Parkplatz nahe dem Ufer aber ohne Seeblick

Muckross House: riesiger Parkplatz, nachts geschlossen

Ross Castle: etwas kleinerer und ruhigerer Parkplatz

Ross Behy: traumhafte Stellplätze mit Dünen und Sandstrand; Toilette

Waterville: Parkplatz mit schönem Blick auf die Bucht; Übernachtungsverbot

Dromore Woods: etwa auf halber Strecke zwischen Sneem und Kenmare, zwei sehr schöne aber winzige Parkplätze in einem Kiefernwald mit Blick auf Klippen, Meer und kleine Buchten

Castlemaine: am Ortseingang links schöner Park- und Rastplatz am Fluß

Inch Beach: herrlich gelegener aber oft randvoller kleiner Parkplatz mit Kiosk, Café und Toilette direkt am endlosen Sand- und Dünenstrand; Übernachtungsverbot

Dingle: große, zeitweise gebührenpflichtige Parkplätze am Hafen

Slea Head: zwei Besucherparkplätze westlich von Fahan; der erste recht uneben, der zweite direkt oberhalb der Klippen an der Straße;
zwei weitere sehr kleine Parkplätze direkt am Kap von Slea Head und kurz danach; hoch auf den Klippen mit herrlichem Meerblick, aber direkt an der Straße und oft voll;
gute Parkmöglichkeiten etwas abseits der Straße über einer traumhaften Felsenbucht zwischen Slea Head und Dunquin

Dunquin-Ballyferriter: etwa auf halber Strecke, dort wo die Straße hinter Graigue scharf nach rechts knickt, links ab zum Meer; kleiner Parkplatz über einer malerischen Felsenbucht mit Sandstrand; beliebter Womo-Treff

Sehenswert

Hauptattraktion auf den drei Rundstrecken ist natürlich die großartige Natur und Küstenlandschaft; außerdem bieten sie folgende Sehenswürdigkeiten:

Lauragh: östlich des Ortes in Richtung Kenmare die Derreen Gardens

Eyeries (Nah Aorai): Ortsbild mit bunten Fassaden

Dursey: Irlands einzige Seilbahn

Castletownbere: westlich der Stadt auf privatem Gelände (Eintrittsgebühr in ein Kässchen gleich hinter dem Tor einwerfen): Dunboy Castle (sehr zu empfehlen, aber unbedingt zu einer ruhigen Zeit) und Puxley Castle

Killarney: Muckross House und Gardens (Juli/Aug. tägl. 9-19 Uhr, sonst bis 18 Uhr); Traditional Farms (Juni-Sept. tägl. 9-17 Uhr); Nationalpark Centre (hinter dem Muckross House, tägl. 9-18 Uhr, Eintritt frei); Ross Castle (Abzweigung nahe dem südlichen Ortsrand bei einer Tankstelle in Richtung Westen; Juni-Sept. tägl. 9-19 Uhr, sonst Di-So 11.30-18 Uhr; Schiffsanlegestelle mit Möglichkeit zu einer Rundfahrt auf dem Lough Leane)

Glenbeigh: Kerry Bog Village (tägl. 9-18 Uhr)

Caherdaniel: Derrynane House (Mai-Sept. Mo-Sa 9-18 Uhr, So 11-19 Uhr, sonst Di-Sa 13-17 Uhr); Naturlehrpfad im Derrynane-Nationalpark

Staigue Fort: keltisches Ringfort zwischen Caherdaniel und Sneem, ca. 3 km abseits der Hauptstraße, das letzte Wegstück ist sehr schlecht; der Grundstücksbesitzer erwartet eine Spende

Fahan-Slea Head: Dunbeg Fort auf imposanten Klippen und Bienenkorbhütten

Gallarus Oratory: einige Kilometer östlich von Ballyferriter; wenige Kilometer weiter nördlich, in Kilmalkedar, die Ruine einer Kirche (12. Jh.) mit »Alphabetstein«

Dunquin: Blasket Centre (Ostern-Sept. tägl. 10-18 Uhr, Okt. nur Sa+So)

Tralee: Windmühle mit Ausstellung in Blennerville (April-Okt. Mo-Sa 10-18 Uhr (Juli/Aug. bis 20 Uhr), so 13-18 Uhr)

DER WILDE WESTEN

Von Tralee bis Sligo

Bunratty: Spaziergang durch die Vergangenheit. Cliffs of Moher, der Balkon Irlands. Küste, Karst und Klippen: blumenreichen Steinwüste des Burren. Die Klosterruinen von Clonmacnois und die wilde Einsamkeit von Connaught. Land der Moore und der tausend Teiche. Durch menschenleeres Bergland zu Bölls Achill Island.

Nach der Bilderbuchwelt von Dingle ist die große Industrie- und Handelsstadt Tralee eine Ernüchterung. Aber von wildromantischer Landschaft und Ruinen allein können die Iren ja auch nicht leben. Bekannt ist die Stadt vor allem für ihre »Rose of Tralee«, zu der alljährlich während eines sechs Tage dauernden Volksfestes das schönste Mädchen gekürt wird, und für ihre weiße Windmühle, die unlängst restauriert wurde. Letztere steht etwas außerhalb in Blennerville – und im Guinnessbuch der Rekorde, denn sie ist die größte noch funktionierende Windmühle Irlands und Großbritanniens.

Adare: Reetgedeckte Cottages für Pfälzer

Ein langer Sprung auf der gut ausgebauten Nationalstraße 21 bringt uns nach Limerick am River Shannon. Zunächst machen wir jedoch noch einen kurzen Stop in Adare mit seinen malerischen Reethäusern. Es sieht so lauschig und postkartenschön aus, daß man es für eine neuzeitliche Touristeneinrichtung halten mag. Eine Touristenattraktion ist es in der Tat, wie man unschwer an den zahllosen Bussen erkennt. Errichtet wurden diese Puppenstubenhäuschen jedoch schon um 1830 vom 3. Earl of Dunraven; nicht für den Fremdenverkehr, aber doch für Fremde: für eine Gruppe von Pfälzern, die sich hier ansiedelten.

Das einstige Adare Manor ist heute ein Luxushotel, umgeben von Parks und Blumengärten.

Das einstige Herrenhaus Adare Manor ist heute ein Luxushotel, aber teilweise zu besichtigen, und Liebhaber alter Ruinen haben die Wahl zwischen einem weiteren Castle und zwei Klöstern, deren Silhouetten sich inmitten beschaulicher Parks erheben. Doch Vorsicht: Teile der Anlagen wurden in einen Golfplatz umgewandelt, und wer die Gemäuer der Franziskanerabtei besichtigen möchte, riskiert zumindest mißbilligende Blicke der Spieler, wenn nicht gefährlicheres.

Durch Limerick rauschen wir ohne Halt hindurch. Es ist bislang weniger für seine Sehenswürdigkeiten bekannt, als durch jene fünfzeilige Versform, der die Stadt ihren Namen verlieh. Allerdings wurde in den letzten Jahren vieles in der Altstadt restauriert, so daß sich ein Bummel durchaus lohnen mag, besonders wenn man ein Faible für georgianische Architektur hat.

Bunratty: lebendige Vergangenheit

Ein »Pflichtstop« ist Bunratty an der autobahnartig ausgebauten N 18 westlich von Limerick. Als nichts anderes betrachten wir das im 15. Jahrhundert errichtete Schloß zunächst: ein lärmendes, hektisches Touristenzentrum. Aber wieder einmal gibt es eine Überraschung. Wohl drängen sich wie erwartet die Besucherströme und das durchaus eindrucksvolle Schloß ist von Imbißbuden und Souvenirständen umlagert. Aber der Folk Park dahinter gewinnt rasch unser Herz – obwohl wir ihn eher skeptisch gestimmt betreten, da unser Reiseführer die Anlage als vorwiegend für Amerikaner nachgebautes Klischee von »good old Europe« abtut. Nein, das ist sie nicht! Was wir erleben, ist ein lebendig gestaltetes Freilichtmuseum mit authentischen alten Bauernhäusern, Fischerkaten und einer kompletten Dorfstraße in einer wunderschönen Parklandschaft. Keine Spur

von Kitsch und Disney-Atmosphäre.

Hühner scharren in den Höfen, Tauben gurren und Schweine suhlen sich im Schatten alter Bäume. An kleinen Fenstern unter den vorkragenden Reetdächern blühen Blumen und in den Gärten wächst Gemüse. In einem der großen Bauernhäuser glimmt das Torffeuer und die Hausfrau bäckt gerade Apple Pies. Ein anderes Haus hat ein Dach aus großen Steinplatten, und die gleichen Platten dienen als Zaun für eine Weide, auf der eine Kuh unter hohen Palmen grast.

Nein, ein angestaubtes Museum ist das gewiß nicht. Im Gegenteil: so täuschend echt und lebensnah, daß man es kaum als Museum erkennt. Die gleichen Reethäuser, die gleichen Szenen haben wir auf Dingle gesehen und später in den entlegenen Regionen von Connemara und Donegal sollen sie uns noch öfter begegnen.

»Ja sind wir denn jetzt schon wieder draußen?!«, fragt meine Frau verwirrt, als wir in die Dorfstraße einbiegen. Wahrhaftig, man muß schon genau hinsehen, um zu erkennen, daß dem nicht so ist. Beim Kaufmann locken bunte Bonbongläser, neben musealen Ausstellungsstücken liegen kunstvolle Handarbeiten in den Regalen, die man dort kaufen kann. Im Pub herrscht reges Treiben, und im Postamt bekommen wir tatsächlich Briefmarken für unsere Ansichtskarten. Von wegen Disneyland!

Das Castle selbst kann an dem Tag nicht besichtigt werden, weil ein Filmteam dort am Drehen ist. Dafür könnte man abends an einem mittelalterlichen Bankett im großen Rittersaal teilnehmen, sich vom Schloßherrn bergrüßen lassen, seinen Braten mit den Fingern essen und Met schlürfen, während holde Maiden tanzen und zur Harfe singen. Aber das ist teuer und wohl doch mehr für die Amerikaner.

Cliffs of Moher: 200 Meter bodenlose Tiefe

Als die Sonne tiefer steht und die größte Hitze vorbei ist, rollen wir weiter über Ennis und Ennistimon zu den berühmten Cliffs of Moher. Aus dem lärmenden Limerick geht es in die ländliche Stille des County Clare. Der vom Golfstrom und dem warmen Geldregen der Touristen verwöhnte Teil Irlands liegt hinter uns. Durch welliges Farmland fahren wir nun in den »wilden Westen« der Insel. In ein dünn besiedeltes Land voller Moore, Seen und Mythen. Ein Land mit atemberaubenden Klippen und kargen Karstregionen, mit reetgedeckten Cottages und dem herben Geruch der Torffeuer. Galway, Connemara, Connaught und Mayo – schon der Klang dieser Namen beschwört traumhafte Bilder herauf. Dort ist Irland am irischsten, denn da dieses öde Land die Eroberer wenig interessierte, konnten sich gälische Sprache und Kultur

Cliffs of Moher: Magenkribbeln zweihundert Meter senkrecht über der Atlantikbrandung.

dort besser erhalten als irgendwo sonst auf der Insel.

Blutrote Abendsonne taucht die Felsen von Moher in ein unwirkliches Licht. Der Blick in die Tiefe fährt einem bis in den Magen. Berauschend und erschreckend zugleich. Wie Ameisen krabbeln letzte Besucher über den Pfad entlang der Abbruchkante. Kaum erkennbar. Weiße Perlenketten entlang der Wand entpuppen sich durchs Fernglas als Möwen und Baßtölpel, die auf den schmalen Felsbändern brüten.

Mehr als 200 m hoch sind diese Felsen und 8 km lang erstrecken sie sich in die blaue Ferne. Es gibt noch weit höhere Klippen an der irischen Westküste – die höchsten Europas sogar – aber wohl nirgends ist der Blick in die Tiefe eindrucksvoller als hier, denn diese Felsen fallen senkrecht in den Atlantik ab. Ein Felsband ragt sogar wie ein Balkon über den Abgrund hinaus. Bäuchlings robben die Besucher heran und recken den Kopf über die Kante, daß der Aufwind ihr Haare verwirbelt. Ein besonders Mutiger setzt sich gar lässig an den Rand und läßt die Beine über bodenloser Tiefe baumeln. Huh! Schon der Anblick verschafft auch uns dieses zwiespältige Kribbelgefühl.

Touristenmagnet hin oder her, die Cliffs of Moher sollte man gesehen haben – am besten früh am Morgen oder bei Sonnenuntergang, damit man die grandiose Szenerie genießen kann.

Durch eine Karstwüste voller Blumen

Felsen erleben wir auch am folgenden Tag, als wir den Burren erkunden – aber wieder einmal in völlig anderer Gestalt. Eine karge Karstwüste erwartet uns, wie man sie von Dalmatien kennt oder aus Wildwestfilmen, die man aber auf der Grünen Insel ganz sicher nicht erwarten würde. Reichlich Regen gibt es auch hier, so daß sich das dürre Land zeitweise in eine Seenplatte verwandelt. Aber durch zahllose Spalten und Klüfte ist das Wasser rasch wieder versickert. Bäche und Flüsse fließen hier unterirdisch; die Oberfläche ist felsig, trocken und entsprechend arm. Wer hier nicht verhungerte, galt schon als reich. »Zu wenig Wasser, um einen Mann zu ertränken, keine Bäume, um einen zu hängen, und zu wenig Erde, um ihn zu begraben«, soll ein Heer-

Touristen errichten gerne Miniatur-Dolmen auf dem zerklüfteten Karstplateau des Burren.

Alte Bauern-Cottages mit Reet-dächern und Kalkputz stehen ver-einzelt in der Landschaft.

führer Cromwells den Burren aus typisch militärischer Perspektive beschrieben haben.

Entstanden ist dieses Ödland durch Raubbau an den einst üppigen Wäldern. Ohne ihren Schutz wurde der fruchtbare Boden rasch von Wind und Regen fortgetragen. Unbegreiflich, daß im sonst so grünen Irland ausgerechnet diese Steinwüste das Eldorado der Botaniker sein soll. Tatsächlich gedeihen auf diesem Karstplateau über 1100 von insgesamt 1400 irischen Pflanzenarten. Alpine, arktische und mediterrane Flora Seite an Seite, darunter seltene Orchideen und Farnarten, tiefblauer Enzian, blutroter Storchschnabel, Silberwurz und Zwergröschen. Jetzt im Frühjahr

zeigt sich das öde Land als ein farbenprächtiger Blumengarten.

Wie ist das möglich?! Die Antwort mag überraschen: gerade dem Karstgrund und seinen Klüften verdankt der Burren diese Blütenpracht. Denn der verwitternde Kalk ergibt einen überaus fruchtbaren Boden, und der sammelt sich in sämtlichen Ritzen und Spalten wie in natürlichen Blumenkästen. Aus deren Tiefe ziehen die Pflanzen das Wasser, das an der Oberfläche fehlt. Erstaunliche Kontraste einer Natur, in der Felsenwüste und üppiger Pflanzenreichtum so eng verflochten sind!

Anstatt gleich ins Zentrum dieser Karstwelt vorzudringen, folgen wir hinter dem für seine Musikszene berühmten Doppeldörfchen Doolin zunächst einem gewundenen Fahrweg, der uns an der Küste entlang um das Kap Black Head herum führt. Eine wild zerrissene Felslandschaft umgibt uns, mit leuchtenden Blüten und eigentümlichen Farnen in jeder Ritze. Eine seltsam unirdische Küstenszenerie, deren fremdartig-bizarre Atmosphäre noch dadurch verstärkt wird, daß uns auf der gesamten Strecke kein anderes Fahrzeug begegnet. Nur weiß gekalkte Bauern- und Fischerhäuser stehen vereinzelt in der hitzeflimmernden Mondlandschaft. Ihre Reetdächer sind von Netzen überspannt und mit Seilen an vorspringenden Mauersteinen befestigt. Ein Zeichen dafür, wie heftig hier im Herbst die Stürme toben mögen. Davor türmen sich die Torfsoden, mit Stroh abgedeckt oder – schon fortschrittlicher – mit ausgefransten Plastikplanen. Draußen vor der karstigen Küste dümpeln die drei Aran Inseln im blaugrünen Atlantikwasser; sauber hintereinander gestaffelt: Inisheer, Inishmaan und Inishmore. Äußerst ärmliche Felseninseln, die durch den eindrucksvollen Film »Men of Aran«

bekannt geworden sind. Ackerboden mußte dort in mühevoller Arbeit selbst gemacht werden, in dem man körbeweise Sand und Tange vom Meer heraufschleppte und auf die kahlen Felsen schüttete.

Endlose Steinmauern zergliedern die karge Landschaft an der Küste; dazwischen Schafe, die im Schatten der spärlichen Ginstersträucher dösen. Sonst keine Spur von Leben. Nur sengende Hitze und Einsamkeit. Fast glaubt man, in der Ferne die verwehenden Mundharmonikaklänge von Enrico Morricone zu hören.

Kühle Unterwelt und die »Julia mit den Brüsten«

Wem es in der Karstwüste zu heiß wird, der flüchtet sich in die ge-

Poulnabrone: der wohl meistfotografierte Dolmen Irlands steht auf der karstigen Hochebene.

heimnisvolle Welt der Höhlen. Dort liegt die Temperatur das ganze Jahr hindurch bei 10°C – und dort findet man auch das an der Oberfläche verschwundene Wasser wieder, in Gestalt unterirdischer Flüsse und Wasserfälle. Die einzige der zahllosen Höhlen und Grotten, die für Besucher erschlossen wurde, ist die Aillwee Cave. Von ihrem mehrere Dutzend Kilometer langen Stollenlabyrinth kann man zwar nur einen Bruchteil begehen, aber das Erlebnis ist beeindruckend.

Auf ähnlich labyrinthischen Wegen kreuzen wir über das Karstplateau. Wir finden Kilfenora, verlieren dabei aber so gründlich die Orientierung, daß wir bei der Weiterfahrt in die völlig verkehrte Richtung starten und (verblüfft darüber, wo wir nun gelandet sind) mehrmals umdrehen müssen, um die Suche nach dem Poulnabrone Dolmen in der entgegengesetzten Richtung fortzusetzen. Das Burren-Informationszentrum von Kilfenora war die erste Enttäuschung seit wir in Rosslare von Bord gegangen sind. Aber das mag auch daran liegen, daß wir als Älbler mit dem Karst von Haus aus vertraut sind. Eines ist in diesen Karstbergen allerdings ganz anders als etwa in den Allgäuer Alpen: hier wird das Vieh den Winter über in den Bergen gehalten (weil in den Tälern dann die Seen stehen) und im Frühjahr zu Tal getrieben, um das saftige Gras am Grund der versickerten Seen zu weiden.

Eine weitere Überraschung birgt die alte Kirche von Killinaboy, auf die wir während unserer Irrfahrt per Zufall stoßen. Über ihrem Eingang prangt das Steinrelief einer üppigen Nackten mit gespreizten Schenkeln. Alle Wetter! Das hätten wir im erzkatholischen und sittenstrengen Irland nicht erwartet. Aber unter weit über tausend Jahren Katholizismus schlummern hier noch immer keltisches Heidentum, Geisterglaube und Fruchtbarkeitsrituale, denn der weise Patrick hat den alten Keltenglauben nicht etwa mit der Wurzel ausgerissen, sondern ihm das Christentum aufgepfropft, wie ein Gärtner, der seinen Obstbaum veredelt. So soll es bis heute üblich sein, bei Wallfahrten solchen Figuren zwischen die Schenkel zu greifen, um den Kindersegen zu sichern. Der Erfolg dieses Fruchtbarkeitsrituals dürfte allerdings bislang wohl weniger auf das Konto dieser heidnischen »Sheila na Gig« (Julia mit den Brüsten) gehen, als vielmehr auf dasjenige der gestrengen katholischen Kirche, die in Irland lange Zeit sogar den Verkauf von Kondomen verhindert hat.

»Dort vorne muß der Dolmen sein!«, stößt meine Kopilotin plötzlich hervor. Kein Zweifel; denn Reisebusse verstopfen das eben noch einsame Sträßchen und ein Touristengewimmel setzt bunte Tupfen in die grau-weiße Mondlandschaft. Das Großsteingrab mit seiner kühn vorspringenden Deckplatte ist uns von Bildern und Postkarten her vertraut, aber genauso beeindruckend ist das wild zerrissene Kalkplateau ringsum. Kreuz und quer laufen die Furchen im kahlen Fels, gefüllt mit eigenartigen Farnen und seltenen Orchideen, die im Schutz der Klüfte vor den Touristenfüßen sicher sind.

Düster und geheimnisvoll: Clonmacnois

Nach dem schmucken Fischerdorf Ballyvaughan stehen wir vor einem Problem, mit dem jeder Irlandrei-

Kinvarra, das »Tor zum Burren« liegt an einer geschützten Bucht und wird gerne von Seglern angelaufen.

Kilmacduagh bei Gort: Keltenkreuze, Rundtüme und Ruinen sind zum Inbegriff für Irland geworden.

sende früher oder später konfrontiert ist: Wie soll man die im Landesinneren gelegenen Klosterruinen von Clonmacnois in eine Küstenrundfahrt einbauen? Wir beschließen, den Abstecher jetzt zu

machen, denn hier sind wir den Ruinen am nächsten. Vorüber an der Corcomroe Abbey und an Dungair Castle rollen wir landeinwärts, machen einen Abstecher zum wundervollen Coole Park und zum Thoor Ballylee, dem eufeuumrankten Wohnturm des Dichters William Butler Yeats, ehe wir über Loughrea mit seinem hübschen See die Klosterruinen am Shannon River erreichen.

Hier im Landesinneren sehen wir zum ersten und einzigen Mal wieder Regenwolken. Dunkel und dräuend ballen sie sich über dem leeren Gemäuer und verleihen ihm eine gespenstisch düstere Atmosphäre. Die letzte Besuchergruppe steigt eben in ihren Reisebus. Ungestört erkunden wir die einsamen Ruinen, die sich im flachen Abendlich wie eine Vision über dem Ufer des Shannon erheben. Wir streifen zwischen verlassenen Kirchenmauern, Keltenkreuzen und dem spitz aufragenden Rundturm umher und bewundern die Bilderschrift der Hochkreuze, während geisterhafte Nebelschwaden vom Fluß heraufziehen und die Konturen

Reizvolle Hügellandschaften mit Rhododendron-Dickichten durchsetzen die Moorebenen Connemaras (Foto: Rainer Höh)

verschwimmen lassen. Das ist die richtige Stunde, um Clonmacnois zu besuchen und etwas von seinem Zauber zu spüren

Zu den berühmtesten Klosteranlagen Irlands zählen die Ruinen von Clonmacnois am River Shannon.

Richter Lynch

Ende des 15. Jahrhunderts war James Lynch Bürgermeister und Richter in Galway, das gute Handelsbeziehungen zu Spanien pflegte. Er hatte einen Sohn namens Walter, und einen Sommer hindurch war der Sohn eines befreundeten spanischen Händlers bei ihnen zu Gast. Wie das Schicksal es wollte, verliebten sie sich beide in das gleiche Mädchen, und im hitzigen Streit kam der Spanier ums Leben. Walter gestand die Tat, und sein Vater mußte Recht sprechen. Nach dem in der Stadt geltenden normannischen Recht gab es für den Mord an einem Gast nur eine Strafe: Tod durch den Strang. Richter Lynch mußte seinen eigenen Sohn so verurteilen, wie er jeden in diesem Fall verurteilt hätte. Walter akzeptierte das Urteil, aber das Volk murrte und forderte die Anwendung des keltischen Brehon Gesetzes, das für Mord nur eine Geldbuße verlangte. Richter Lynch jedoch blieb hart. Und da der Henker sich weigerte, das Urteil zu vollstrecken, legte Lynch seinem Sohn die Schlinge selbst um den Hals.

Lynch Castle ist in Galway noch heute zu sehen, und eine Tafel nahe der Kirche St.Nicholas erinnert an die schaurige Geschichte. Historiker bezweifeln allerdings, daß sie sich so zugetragen hat, und führen den Begriff des »Lynchens« auf Charles Lynch zurück, der Ende des 18. Jahrhunderts in Virginia für seine grausamen Urteile berüchtigt wurde. Aber auch dieser Lynch war irischer Abstammung.

Das irische Gegenstück zum Dudelsack ist die Uilleann Pipe, die man allerdings selten sieht.

Als die Sonne sich dem flachen Horizont nähert sind wir schon wieder an der Küste. Die für ihr lebensfroh-südländisches Flair und ihre gälische Kulturszene bekannte Stadt Galway liegt bereits hinter uns, und wir steuern in die untergehende Sonne hinein nach Westen, um einen Übernachtungsplatz am Meer zu finden. Fehlanzeige! Die Bade- und Vergnügungsvororte von Galway ziehen sich unaufhörlich an der Küste entlang; eine endlose Kette fein herausgeputzter Bungalows, Pubs und Discos. Keine Spur von der rauhen Einsamkeit Connaughts, die wir hier erwartet haben. Nach Spiddle soll das Land zusehends einsamer werden, hat einer unserer Reiseführer behauptet. Denkste! Hier wird offensichtlich schneller gebaut als selbst gute Bücher aktualisiert werden können.

Die rauhe Einsamkeit Connaughts

Um so verblüffender ist der Szenenwechsel hinter Ballynahown. Ebenso abrupt wie die Straße nach Norden biegt, geraten wir plötzlich in eine völlig andere Welt. Strandhäuser und Bautätigkeit liegen hinter uns – wir rollen durch eine Wildnis, wie wir sie aus Alaska kennen. Das ist die rauhe Einsamkeit Connaughts! Eine endlose, violett-braune Moorebene durchsetzt von einem Gewirr zahlloser Seen und Tümpel. Die waagrecht einfallenden Strahlen der untergehenden Sonne legen einen rötlichen Lichtteppich über die flammenden Wasserflächen und lassen Myriaden von Blättern der Moorheide aufleuchten. Eben noch müde von der langen Fahrt, bin ich wie elektrisiert. Diese phantastische Lichtstimmung versetzt mich in eine wahre Ekstase. Jetzt könnte man fotografieren, was man gerade will – bei diesem Licht würde es immer ein hinreißendes Bild. Wie im Rausch rollen wir dahin auf einem schmalen Asphaltband zwischen Sumpf und Seen.

Dann ist die Sonne verschwunden. Das Licht ist erloschen und der Zauber vorüber. Die Moorlandschaft versinkt in einem stumpfen Braun, aus dem nur noch die tausend Spiegel der Tümpel hell hervorleuchten.

Alcock und Brown: die ersten Atlantikflieger

Wer weiß heute schon, daß es nicht der unvergessene Charles Lindbergh war, der als erster im Flugzeug den Atlantik überquert hat, sondern zwei Männer namens John Alcock und Arthur Whitton-Brown. Acht Jahre vor Lindberghs Flug starteten sie in einem Vickers Vimby Doppeldecker von St. Johns auf Neufundland. Am 15. Juni 1919 hatten sie nach 16 Stunden Flug mit einer Durchschnittsgeschwindigkeit von 185 km/h die irische Küste erreicht und setzten ihre fliegende Kiste südwestlich von Clifden mit einer Bruchlandung ins Moor. Unverletzt stiegen sie aus und kassierten die 10.000 Pfund, die von der Zeitung »Daily Mail« für diese Pioniertat ausgesetzt worden waren.

Da sie »nur« von einer amerikanischen zu einer europäischen Insel geflogen waren und nicht zwischen zwei Städten mit so klangvollen Namen wie New York und Paris, sind sie heute in Vergessenheit geraten. Zum 75. Jahrtag ihres tollkühnen Fluges hat sich Clifden der beiden Atlantikflieger erinnert und setzte ihnen ein Denkmal, das auf einem windigen Hügel an der Ballyconneely Straße in den Himmel ragt.

Schneeweiße Dunstschwaden türmen sich am Fuß der Berge Connemaras, als wir Tags darauf im strahlenden Licht der Morgensonne weiter nach Norden tuckern, mitten durch eine traumhafte Welt glitzernder Seen und brauner Moore. Das ist mein geliebtes Nordland!

»Hier könnte ich die restlichen Wochen verbringen!«, sage ich zu meiner Frau, als wir am Seeufer zwischen Binsen und Erikasträuchern picknicken. Leider ist sie weniger begeistert von diesem »Mückensumpf«, wie sie mein Nordland-Paradies abfällig betitelt. Aber auch die weitere Fahrt führt durch eine faszinierende Landschaft. Bei Maam Cross schwenken wir wieder auf Westkurs und steuern zwischen Seen und den hohen Gipfeln der Twelve Pins in Richtung Clifden. Glattpolierte Felsrücken tauchen auf, gelbgrüne Binsenbüschel und blühende Rhododendren säumen die Seeufer.

Das ist das wilde, einsame und dünn besiedelte Connaught, wie ich es mir erträumt habe. Für viele, die von ihren Besitztümern vertrieben in diesem rauhen Moorland siedeln mußten, war es eher die Hölle. »To hell or to Connaught!«, hat es geheißen, als Cromwell das Land in Schutt und Asche legte und die katholischen Bauern in diese karge Einsamkeit fliehen mußten. »Fahrt zur Hölle oder geht nach Connaught«, was damals mehr oder weniger auf dasselbe herauskam. Hier hat die große Hungersnot am schlimmsten gewütet. Zusammen mit der nachfolgenden Massenauswanderung verringerte sie die Bevölkerungszahl um mehr als 70%. Noch heute stößt man überall auf verlassene Siedlungen und zerfallende Cottages, zwischen denen Stechginster und Rhododendron wuchern. Um so faszinierender ist das einsame Berg- und Küstenland für naturbegeisterte Besucher.

Ein Lustschloß als Mädchenschule

Nach einer kurzen Wanderung zum Diamond Hill im Connemara Nationalpark und einem Rundgang durch das sehenswerte Informationszentrum erreichen wir die Kylemore Abbey, deren weiße Mauern und Märchenzinnen malerisch über die glatte Seefläche schimmern. Das einstige Lustschloß ist heute eine Klosterschule für gehobene Töchter, und die einstige Ballsaalküche dient jetzt als Kapelle. Einige Räume und die Klosterschätze können noch besichtigt werden. Daneben betreiben die Nonnen einen florierenden Souvenirladen, in dem sich ganze Busladun-

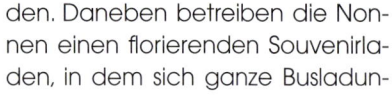

Connemara Ponies

Irland ist ein Land der Pferdeliebhaber und der Pferdewetten. Mehr als eine Million Pferde leben allein in der Republik; das heißt, es gibt hier mehr Pferde als Pubs! Und die Insel hat sogar ihre eigene Pferderasse hervorgebracht: die berühmten Connemara Ponies. Sie sollen aus andalusischen Rössern hervorgegangen sein, die nach Irland gelangt sind, als die spanische Armada vor der Küste strandete. Im Laufe der Generationen haben sie sich den rauhen Bedingungen des Hochlandes angepaßt und immer mehr an Anspruchslosigkeit, Zähigkeit und Ausdauer gewonnen. Doch die charakteristische Grazie ihrer andalusischen Vorfahren haben sie bis heute bewahrt. Fast das ganze Jahr hindurch leben diese widerstandsfähigen und gutmütigen Tiere im Freien. Gute Chancen sie zu beobachten, hat man z.B. im Connemara Nationalpark oder bei der spektakulären Connemara Pony Show, die alljährlich im August in Clifden stattfindet.

gen von Touristen drängen. Nichts wie weg und zurück in die Einsamkeit der Berge!

Kylemore Lake: malerische Seen und einsame Berglandschaften prägen den Charakter Connemaras.

Mit langen fjordartigen Armen schiebt sich das Meer weit ins Landesinnere, und oft lassen nur Tangablagerungen am Ufer erkennen, daß man keinen See, sondern Salzwasser vor sich hat. Dazwischen erstrecken sich Hochmoore mit frischen Torfstichen, die dunkelspeckig glänzen. In graphischen Mustern angeordnet liegen die Soden zum Trocknen in der Sonne, und

Torfstecher nahe Lake Kylemore stellen die Torfstücke tipiförmig zum Trocknen in der Sonne auf. (Foto: Rainer Höh)

an den offenen Wunden im Moor kann man genau abzählen, wie viele Schichten Torf gestochen wurden und wieviele Soden pro Schicht. Als ich zwei der Torfstecher bei der beit fotografieren möchte, frage ich sie um Erlaubnis.

»Ten pounds!"«, fordern sie scheinbar ernst, können aber ein Grinsen nicht verbergen. Wir bieten ihnen ein kühles Bier an, das den beiden bei dieser Hitze lieber ist, als ein Bündel Banknoten. Sie erkundigen sich nach den Bierpreisen in Deutschland und erzählen von ihrer Arbeit. So erfahren wir, daß der Torf hier »turf« genannt wird (womit sonst im Englischen bekanntlich die Pferderennbahn bezeichnet wird) und daß er mit dem, was wir als Torf kennen, nicht viel gemeinsam hat. Unser Gartentorf ist die lockere, krümelige Deckschicht – das Abfallprodukt beim Torfstechen. Der zum Heizen verwendeten »turf« kommt aus tieferen Schichten, ist älter und viel dichter gepreßt. Beim Trocknen wird er hart wie ein Ziegelstein.

Fjordbuchten und menschenleeres Hochland

Am Ende der Meeresbucht Killary Harbour biegen wir links ab, um an den Aasleagh Wasserfällen zu picknicken und eine Siesta im Schatten der Rhododendren zu genießen. Dann geht es weiter durch eine von tiefblauen Seen gesprenkelte Heidelandschaft und an einem rau-

schenden Bergbach aufwärts zum dunklen Lough Doo, dessen glatte Fläche die Gipfel der umliegenden Berge spiegelt. Ein menschenleeres Hochland, in das sich um diese Jahreszeit offenbar kein Reisender verirrt.

Im weiten Bogen – mit einem großartigen Blick auf den wie ein Vulkankegel aufragenden Croagh Patrick – bummeln wir durch Westport zurück zum Killary Harbour. Dann schwenken wir durch das großartige Joyce Country landeinwärts zum Lake Corrib, um die sehenswerte Cong Abbey zu besuchen und das prachtvolle Ashford

Die Bucht von Killary Harbour erstreckt sich wie ein Fjord bis tief ins Landesinnere.

Castle, das einst ebenfalls der Guinness Familie gehörte und heute ein Luxushotel ist. Am Lough Mask und den Partry Mountains entlang schließt sich die große Acht, als wie am Abend wieder durch Westport fahren und entlang der Newport Bay ein Übernachtungsplätzchen suchen. Wir finden es endlich am

Nächste Seite: Campingplatz am Renvyle Beach (nahe Letterfrack), einem der schönsten Sandstrände der Westküste.

Ebbe am Renvyle Beach: immer wieder fasziniert Irland durch seine unbeschreiblichen Lichtstimmungen.

Strand von Mulrany (Mallaranny) zwischen Meer und Marschen, an deren Ufer die Schafe grasen und Möwen im Salzschlamm stochern. Ein traumhafter Sonnenuntergang über den Bergen der Corraun Halbinsel läßt die Gezeitentümpel blutrot leuchten und verwandelt die Sumpfvögel zu schwarzen Silhouetten. Schweigend genießen wir diese himmlische Lightshow, während draußen in der Dämmerung die Lämmer blöken.

Die Iren erfanden den Boycott

Einige Meilen nördlich von Cong in der Grafschaft Mayo lebte um 1880 ein englischer Captain als Verwalter für den Großgrundbesitzer Lord Earne. Er galt als besonders hartherzig, und als die Bauern nach einer Mißernte um eine Kürzung der hohen Pachtzahlungen baten, verjagte er sie nicht nur von seiner Tür, sondern gleich ganz von seinem Land. Die Iren reagierten mit passivem Widerstand: keiner der Pächter rührte mehr einen Finger für den Captain, und auch sonst niemand im weiten Umkreis. Die Hausangestellten, die Gärtner, die Hirten und Stallburschen, alle verweigerten die Arbeit. Die Händler verkauften ihm keine Waren mehr, die Handwerker nahmen keine Aufträge an und selbst in der Kirche wurde der Captain ignoriert wie ein Aussätziger. Völlig im Stich gelassen wandte er sich an die britische Regierung, die ihm Soldaten schickte, um die Ernte einzufahren. Aber auch den Soldaten verkauften die irischen Händler nichts, und so mußte ein Großteil der Ernte für ihre Ernährung herhalten. Vollkommen ruiniert und zog sich der Verwalter nach England zurück. Sein Name aber ist seither als Bezeichnung für diese Form des passiven Widerstands in viele Sprachen eingegangen; er lautete: Charles Boycott.

Achill Island und ein mooriges Malheur

Entlang der von Mooren und einsamen Stränden gesäumten Küste der Corraun Halbinsel erreichen wir die Brücke zur Achill Island, wo uns erneut ein spektakulärer »Atlantic Drive« erwartet. Neben einem Teppich leuchtender Irisblüten halte ich an, um endlich die ersehnte Wohnmobilaufnahme mit gelber Blumenpracht im Vordergrund zu schießen. Das bedeutet aber, daß ich ein Stück weit auf die Moorfläche hinaus muß, um die Pflanzen zwischen mich und unser rollendes Zuhause zu bringen.

»Kann schon sein, daß ich mir nasse Füße dabei hole!«, rufe ich meiner Frau zu und hüpfe in Shorts und Sandalen durch die Binsenbüschel davon. Der feuchte Boden schmatzt und schwabbert – und plötzlich passiert es: der Moosgrund gibt nach, dunkler Morast quillt empor und meine Beine versinken im braunen Brei. Ach herrjeh, das sieht gar nicht gut aus! Durch zahlreiche Nordlandwanderungen glaubte ich, mit Mooren hinlänglich vertraut zu sein. Aber im Land des Permafrostes stößt man spätestens bei Wadentiefe meistens auf festen Grund. Hier nicht! Bis zu den Knien stecke ich in der zähen Blubbermasse und von festem Grund ist nichts zu spüren. Mit hektischen Bocksprüngen versuche ich mich aus dem Moorschlamm zu befreien, ehe er

mich für Archäologen späterer Generationen konserviert. Prustend rette ich mich auf ein Binsenbüschel und atme erleichtert durch. Uff! Shorts und Schenkel sehen aus, als hätte ich die Hosen voller Durchfall,

der Moorbrei quillt aus den Sandalen – aber das Foto mache ich doch.

Meine Frau, die das Drama aus dem Fenster beobachtet hat, war zunächst starr vor Schreck. Bis ich je-

Über hohe Klippen und zu weiten Sandstränden führt der lohnende Atlantic Drive von Achil Island.

doch auf Umwegen wieder die feste Straße erreiche, hat sie die Fassung wiedergewonnen und kringelt sich vor Lachen über meinen jämmerlichen Anblick. »Eigentlich hätte *ich* die Kamera nehmen und *dich*

fotografieren sollen«, kichert sie amüsiert, während sie mich mit einem Kanister Wasser begießt, um die peinlichen Spuren abzuspülen. »*Das* hätte ein Bild gegeben!«

Mit frischen Shorts und einer immer noch unverschämt grinsenden Beifahrerin entferne ich mich eilends vom Schauplatz des Malheurs und steuere unser Wohnmobil nach Kildaunet, wo wir den auf einem Küstenfelsen errichteten Festungsturm der Seeräuberkönigin Grace O'Malley besichtigen. Über beeindruckende Klippen führt uns der Atlantic Drive bis zu dem Weiler Dooega, schwenkt dann landeinwärts, weil noch höhere Berge den Weg versperren, und bringt uns am Südufer eines stillen Sees entlang zum langgezogenen Strand von Keel. Dort ist eine ausgiebige Mittagspause mit Strandblick fällig. Während wir unsere Spaghetti Bolognaise verspeisen und einen heißen Espresso schlürfen, beobachten wir eine bunte Kinderschar, die sich in den Wellen vergnügt und zwei Regenpfeifer, die gut getarnt über die Kiesel trippeln.

Weiter geht es in den Norden der Insel. An einem verlassenen Dorf vorüber nach Doogort, wo Heinrich Böll einige Zeit gelebt und sein »Irisches Tagebuch« geschrieben hat.

Die Piratenkönigin Grace O'Malley

Die von zahlreichen kleinen Inseln durchsetzte Küstenregion der Clew Bay bei Westport war bis ins 17. Jahrhundert im Besitz des alten gälischen Clans der O'-Malleys, die vom Seehandel und der Piraterie lebten. Grace wurde 1530 in Louisburgh als einzige Erbin des Clanchefs geboren und im Alter von 16 Jahren mit Donal O'Flaherty verheiratet, der zum Führer eines anderen Clans bestimmt war. In einer rauhen Männergesellschaft aufgewachsen, lernte sie früh, ihre Frau zu stehen. Mit einer starken Persönlichkeit und Mut setzte sie sich an die Spitze einiger hundert Männer und baute ihr eigenes Königreich auf.

Schon zu Lebzeiten rankten sich allerlei Legenden um die »Piratenkönigin« und stilisierten sie zur männerverschlingenden Amazone und zur Nationalheldin. Gleich nach der Geburt eines ihrer Kinder soll sie wieder an Deck gekommen sein, um ein schon verloren geglaubtes Seegefecht noch für sich zu entscheiden. Die irische Patriotin, als die sie von Lied und Legende dargestellt wird, war sie jedoch kaum, sondern eine kühl kalkulierende Realpolitikerin. Nachdem der englische Gouverneur von Connaught sie attackierte und einen ihrer Söhne gefangengenommen hatte, segelte sie im Alter von 63 Jahren nach London in die Höhle des Löwen, wo sie Elisabeth I. um Gnade bat. Beeindruckt von der Persönlichkeit Grace O'Malleys erfüllte die Königin ihre Bitten und die beiden Damen einigten sich darauf, daß Grace künftig nur noch Schiffe von Feinden der Krone aufbringen werde.

Vom Pier des Dörfchens schippern im Sommer kleine Boote zu den Seal Caves an der Nordseite der Slievemore Berge, und mit etwas Glück kann man vor diesen Grotten Robben beobachten, die sich auf den Felsen sonnen. Wir verlassen die paradiesische Ferieninsel durch die Rhododenronwälder vor Achill Sound und fahren zurück nach Mulrany.

Trostlose Torfwüste und Blätterteig-Klippen

»Road Closed«, steht auf einem Schild, als wir in Mulrany links abzweigen wollen. Daneben döst ein Straßenarbeiter in der Mittagssonne. »Nein, wirklich gesperrt ist die Straße nicht« antwortet er verschlafen, »aber es gibt eine Baustelle, und ihr werdet wahrscheinlich Ewigkeiten warten müssen«.

»Ewigkeiten?!«, frage ich entsetzt, denn es gibt keine Alternative, um in den Norden von Mayo zu gelangen. »Nun ja, vielleicht keine Ewigkeiten«, räumt er ein. »Sagen wir mal nur stundenlang«.

Das können wir riskieren, denke ich, und völlig ohne Gegenverkehr rollen wir auf einer malerischen Küstenstraße zwischen Klippen und Stechginster-Macchia gen Norden. Die »Baustelle« passieren wir ohne anhalten zu müssen. Doch dann führt die Straße von der Küste weg, durch monotone Kiefernplantagen und schließlich auf eine Moorebene hinaus, die an Eintönigkeit und Trostlosigkeit ihresgleichen sucht. Die erste und einzige Region in ganz Irland, die uns eindeutig nicht gefällt. Gigantische Torfbagger der halbstaatlichen Torfabbaugesellschaft Bord na Mona haben das Moorgebiet in eine triste Mondlandschaft verwandelt. Eine großflächig zerstörte, endlose Ebene, aufgerissen und abgetragen von Maschinen-Ungeheuern, einheitlich graubraun vom Torfstaub und trotz strahlender Sonne von schwermütigem Charakter. Mein Gott, wie trostlos muß es hier erst bei Nebel- und Regenwetter sein!

Von Bangor versuchen wir einen Abstecher zu den Stränden der Blacksod Bay. Aber das beklemmende Gefühl läßt uns nicht mehr los. Selbst die wenigen öden Dörfer und sogar die Menschen wirken hier unheimlich. Fast hat man das Gefühl, es liege ein dämonischer Fluch über diesem eintönigen Land. Abrupt machen wir kehrt und treten den Rückzug an, als wäre uns eine Banshee über den Weg gelaufen. Nichts wie fort!

Auch der nordwestliche Landzipfel um Benwee Head ist trist und monoton. Erst wo die Straße in Richtung Downpatrick Head wieder eine Klippenküste erklimmt, haben wir den Bann abgeschüttelt. Und die Beklemmung schlägt in Begeisterung um, als wir beim Céide Fields Visitors Centre einen traumhaften Parkplatz auf einer hohen Klippe

entdecken. Wechselnde Bänder aus dunklem Ton und hellerem Sandstein durchziehen die lotrechte Wand wie Schichten eines Blätterteigs, und auf den Vorsprüngen nisten zahlreiche Vogelarten. Fast wie die Cliffs of Moher, nur völlig menschenleer. Hier bleiben wir! Er-

Über die Küstenebene bei Sligo erhebt sich der eigentümlich zerfurchte Berghang des Benbulben.

leichtert bereiten wir unser Abendessen mit Blick auf Felsen und Brandung, sehen dem Spiel der Möwen zu und beobachten die unerschrockenen Schafe, die trittsicher auf schmalen Felsbändern über dem Abgrund balancieren.

Mit einer Stimmung ebenso heiter wie das Wetter kurven wir am Tag darauf weiter, freuen uns am hohen Rundturm von Killala, an den Klosterruinen von Rosserk und Moyne Abbey und an den Buchten und Stränden der Killala Bay. Eine geruhsame und entspannende Fahrt bringt uns nach Sligo mit seiner schönen Halbinsel Strandhill und dem eigentümlich zerfurchten Berghang des Benbulben. Etwas weiter bei Drumcliff findet man das Grab von William Butler Yeats, der diese Landschaft über alles liebte und sie in zahlreichen Gedichten unsterblich gemacht hat. Die Grabinschrift stammt von Yeats selbst. »Cast a cold eye/On life, on death/ Horseman pass by«, steht dort zu lesen »Streif kalten Blicks Leben und Tod – Reiter zieh fort«.

Einen letzten Stop im nördlichsten Winkel der Provinz Connaught machen wir bei dem keilförmigen Hofgrab von Creevykeel, dessen gewaltige Steinblöcke wie graue Riesen gleich neben der Straße aus dem Wiesengrün leuchten. Etwa 4.500 Jahre alt ist dieses Bauwerk, sagen die Archäologen. Die Kelten haben in seinem Hof Eisen geschmolzen. Heute wachsen wundervolle Blumen zwischen den Steinen hervor.

Die Schlacht um ein Buch

Streitigkeiten um Buchrechte sind weder etwas neues noch etwas sonderlich bemerkenswertes. Doch bei Cooldrumman, nördlich von Sligo, hat die einzige Schlacht stattgefunden, die je um ein Copyright geschlagen wurde. Und das bereits im Jahre 561. Der Heilige Columcille war damals bei St. Finnian zu Gast gewesen, der ein kostbares Psalterbuch besaß. Columcille, überzeugt davon, daß solche heiligen Schriften nicht in verschlossene Truhen gehören, sondern verbreitet werden müssen, schlich sich des nachts in de Kirche und kopierte das Werk. Doch Finnian erfuhr davon und erhob Anspruch auf die Raubkopie. Schließlich wurde der Fall vor den Hochkönig gebracht, der auf der Grundlage des Brehon Gesetzes das erste überlieferte Copyright-Urteil fällte: »Wie das Kalb zur Kuh«, entschied er »so gehört zu jedem Buch die Abschrift«.

Aber Columcille und seine Anhänger wollten den Spruch nicht gelten lassen. Es kam zur Schlacht um das Buch, in der Columcille seine Kopie erfolgreich gegen das Heer des Hochkönigs verteidigte. Dreitausend Tote blieben auf dem Schlachtfeld. Ein etwas hoher Preis für eine Raubkopie, wie der Heilige wohl schlechten Gewissens einsehen mußte. Reumütig verließ er seine Heimat, um Buße zu tun, und gründete auf der schottischen Insel Iona ein Kloster.

Strecke

Tralee-Limerick
(102 km)
Limerick-Ennistimon
(60 km)
Ennistimon-Kinvarra mit Cliffs of
Moher und Burren-Rundfahrt
(ca. 140 km)
Kinvarra-Clonmacnois-Galway
(ca. 192 km)
Galway-Ballynahown-Maam Cross
(ca. 64 km)
Maam Cross-Clifden-Leenaun
(ca. 68 km)
Leenaun-Westport
(32 km)
Rundstrecke Leenaun-Doo Lake-
Westport-Leenaun
(ca. 86 km)
Leenaun-Cong-Ballinrobe-Westport
(ca. 88 km)
Westport-Mallaranny
(32 km)
Rundfahrt Corraun Halbinsel und
Achill Island
(ca. 73 km)
Mallaranny-Bangor-Downpatrick
Head-Ballina
(ca. 112 km)
Ballina-Sligo
(61 km)

Streckenlänge

Gesamtfahrstrecke mit Abstechern:
ca. 1.110 km; Direktroute Limerick-
Galway 104 km, Galway-Clifden-
Westport-Castlebar-Sligo
(180 km)

Straßenzustand

Die N21 Tralee-Limerick ist sehr gut
ausgebaut, die N18 hinter Limerick
eine Strecke weit sogar autobahnartig. Gut zu fahren auch die N85
und 67 sowie die Zufahrt zu den
Cliffs of Moher. Eng und unübersichtlich sind die Nebenstraßen im Bur-
rengebiet. Gute Fernstraßen auf
dem Abstecher nach Clonmacnois
(nur die letzten Kilometer etwas
schmal). Die R336 bis Ballynahown
ist gut, danach schmaler aber gut
zu fahren. Die N59 über Clifden
nach Westport ist breit ausgebaut;
die Abstecher jedoch oft sehr
schmal, steil und kurvig. Stellenweise
schmal aber gut zu fahren ist der
Abstecher nach Cong und Ballinro-
be. Auf Achill Island streckenweise
schmale Klippenroute. Weitere
Strecke bis Sligo problemlos; auch
die R314.

Campingplätze

Lahinch: Lahinch C&C Park***
(200 m südlich des Orts an der
Küstenstraße), 01.05.-22.09. 200 m
vom Sandstrand
Corofin: Corofin Village** (hinter der
Herberge), 10.03.-30.09.
Doolin: Nagles*** (beim Hafen von
Doolin), 01.05.-30.09. Fähren zu den
Aran Inseln
Barna: Hunters Silver Strand** (R336
Richtung Spiddal, Zufahrt kurz nach
Texaco Tankstelle beschildert), 28.03.-
30.09.

Spiddal: Pairc Saoire** (1,6 km von Spiddal, im Zentrum beim Wegweiser rechts), ganzjährig

Roundstone: Gourteen Bay** (2,4 km westlich von Roundstone), Ostern-30.Sept. Schöne Lage am Strand

Renvyle: Renvyle Beach* (in Letterfrack links, beschildert), 01.03.-30.09. An einem der schönsten Sandstrände der Westküste

Louisburgh: Old Head Forest*** (Schildern Richtung Old Head folgen), 24.05.-14.09.

Westport: Parkland*** (3 km hinter Westport, R335 Richtung Louisburgh, beim Hafen rechts), 23.05.-14.09. Auf dem Grundstück von Westport House

Cong: Cong C&C Park (2 km von Cong Richtung Galway, nach der Zufahrt zu Ashford Castle rechts, nach dem Friedhof auf der rechten Seite), ganzjährig

Achill Island: Keel Sandybanks**** (bei Keel, beschildert), 24.05.-06.09. Schöne Lage am Strand
Golden Strand** (bei Doogort, von der R319 rechts Richtung Bunnacurry, 5 km, dann links 1 km), 01.04.-31.10. Direkt bei schönem Strand
Seal Caves*** (Doogort, von der R319 rechts Richtung Bunnacurry, 5 km, dann links 4 km bis Doogort Beach). Schöne Lage in Strandnähe.

Ballina: Belleek**** (2,5 km außerhalb der Stadt Richtung Killala, 300 m abseits der Straße), 01.03.-31.10. Ruhig und geschützt

Easkey: Atlantic*** (42 km westlich von Sligo, bei Dromore West auf die R297, in Easkey), 28.03.-30.09. Beim Postamt anmelden

Roses Point, Sligo: Greenlands**** (9 km von Sligo, R291 Richtung Rosses Point, nahe Hughes Bridge), Ostern und 22.05.-17.09. Am Sandstrand und beim Golfplatz

Park- und Rastplätze

Tralee-Limerick: kaum geeignete Park- und Rastplätze

Bunratty: riesiger Besucherparkplatz, Übernachtungsverbot

Cliffs of Moher: großer Parkplatz, nachts sehr ruhig

Doolin: ca. 10 km nördlich des Ortes an der Küste mehrere Parkmöglichkeiten am Straßenrand in großartig wilder Landschaft

Ballyvaghan: hübsche Parkplätze an der Hafenbucht

Dungaire Castle: ruhiger Besucherparkplatz; aber nicht besonders schön

Gort: sehr schöner und ruhiger Parkplatz am Coole Park; Übernachtungsverbot

Clonmacnois: Besucherparkplatz mit Schranke und Übernachtungsverbot

Galway-Ballynahown-Maam Cross: kaum Parkmöglichkeiten

Maam Cross-Clifden: mehrere Parkplätze in einer herrlichen Seenlandschaft

Kylemore Lake: mehrere sehr schöne Plätze am Seeufer

Killary Harbour: kurz vor Leenaun zwei schöne Plätze mit Blick auf die Bucht

Aasleagh Wasserfall: schön gelegener Parkplatz mit Blick auf Bucht und Wasserfall

Doo Lake: sehr ruhiger Platz nahe Seeufer in großartiger Landschaft

Lough Corrib: schöner Parkplatz zwischen Cornamona und Clonbur direkt am Ufer

Cong-Ballinarobe-Westport-Mallaranny: keine geeigneten Plätze gefunden

Mallaranny: am Ortende links ab zum Strand, herrlicher und abends sehr ruhiger Platz zwischen Meer und einer Gezeitenbucht

Corraun Halbinsel: mehrere schöne Plätze entlang der Südküste

Achill Island: sehr schöne Strandparkplätze bei Keel und Doogort

Mallaranny-Bangor: einige schöne Parkplätze entlang der Küste und ein akzeptabler kurz hinter Srahnamanragh Bridge; danach weite trostlose Landschaft ohne geeignete Plätze bis kurz vor Ballycastle

Céide Fields Visitors Centre: zwischen Belderg und Ballycastle ein wundervoller Platz hoch über dem Meer mit Blick auf grandiose Klippen

Sligo: Strandhill Beach, sehr schöner Parkplatz direkt am Meer

Sehenswert

Adare: malerische Reetdachhäuser, Adare Manor, Desmond Castle, Klosterruinen

Limerick: King John's Castle (Mo-Sa 9-12 Uhr, Juni-Sept. auch 14.30-17 Uhr)

Bunratty: Castle und Folk Park (tägl. 9.30-17 Uhr, Juli/Aug. bis 19 Uhr)

Quinn: östlich von Ennis: Klosterruine und Craggaunowen Projekt (bestes Freilichtmuseum des irischen Mittelalters mit Tim Sevrins rekonstruiertem Boot des Hl. Brendan (Mai-Okt. tägl. 10-18 Uhr

Kilfenora: Burren Display Centre (März-Okt. 7.30-17 Uhr, Juli/Aug. bis 19 Uhr; erwarten Sie nicht zuviel)

Burren: Aillwee Höhle (März-Mitte Nov. 10-17.30 Uhr, Juli/Aug. bis 18.30 Uhr); Poulnabrone Dolmen (jederzeit, solange der Grundstücksbesitzer es nicht verbietet)

Gort: Coole Park, Klimacduagh Kirchen, Thor Ballylee (nordöstlich in Richtung Loughrea)

Clonmacnois: berühmte Klosterruine mit Hochkreuzen (Juni-Mitte Sept. tägl. 9-19 Uhr, sonst 10-17 Uhr; im Sommer zur vollen Stunde kostenlose Führungen)

Connemara Nationalpark: Visitor Centre (Mai-Sept. tägl. 10-17.30 Uhr, Juni-Aug. bis 18.30 Uhr); Kylemore Abbey (März-Okt. 10-18 Uhr)

Cong: Cong Abbey und Park des Ashford Castle

Céide Fields: Visitiors Centre westlich von Ballycastle (Mitte März-Okt. tägl. 10-17 Uhr, Juni-Sept. 9.30-18 Uhr)

Killala-Ballina: Klosterruinen von Moyne und Rosserk

Sligo: Sligo Abbey (Juni-Sept. tägl. 9.30-18.30 Uhr); Courthouse; St. Johns Kathedrale; Carrowmore Gräberfeld auf der Halbinsel Strandhill (Mai-Sept. tägl. 9.30-18.30 Uhr)

Creevykeel: Hofgrab an der N15 zwischen Sligo und Ballyshannon

DER HOHE NORDEN

Von Ballyshannon bis Malin Head und von Derry bis Newry

Durch ein wildes und melancholisches Bergland der Superlative: die höchsten Klippen, der schönste Berg und der größte Nationalpark. Karibik-Impressionen, Besuch im Palast der Sonne und ein mysteriöses Schauspiel am nördlichsten Punkt der Insel. Nordirland ohne Troubles: Basaltsäulen, weiße Klippen und die Glens of Antrim.

Das County Donegal ist der abgelegenste und für Naturfreunde wohl faszinierendste Winkel Irlands. Eine wilde Traumlandschaft aus endlosen Mooren, rostroten Heidekrautflächen, dunklen Bergseen, schroffen Steilküsten, einsamen Tälern mit dunklen Moorseen und majestätischen Bergen. Wild und zerklüftet, menschenleer und melancholisch. »Alaska Irlands« wird der abgeschiedene Zipfel genannt, und die Ähnlichkeit zu jener weiten Wildnis jenseits des Atlantiks ist oft verblüffend. Nur ein schmaler Korridor zwischen Küste und Grenze verbindet ihn mit der übrigen Republik, und nur ein dünner Strom von Besuchern verirrt sich während der Sommermonate in diese einsame Bergwelt.

In diesem einst zur heute nordirischen Provinz Ulster gehörenden alten Territorium Tir Chonaill (Land von Conal) hat sich bis heute die größte Gaeltacht Irlands erhalten. Sein Name leitet sich ab von »Dun na nGall«, die »Festung der Fremden«. Tatsächlich ist es den Engländern nie gelungen, diese Festung aus wilden Bergen, schroffen Küsten und Moorland richtig in den Griff zu bekommen, weshalb sie Donegal bei der Republik beließen, als die Insel geteilt wurde.

Traumlandschaften im »irischen Alaska«

Das »irische Alaska« gilt als die regenreichste Region im ohnehin regenreichen Irland. Das ganze Jahr hindurch peitschen Wolken vom Atlantik über Klippen und Berge hinweg; Wolkenbrüche, Nieselregen und graue Nebelschwaden sind an der Tagesordnung. Uns aber bleibt das »blaue Wetterwunder« treu: bei strahlendem Himmel und mediterranen Temperaturen rollen wir hinein in die Traumlandschaft.

In Donegal (City), dem gerade zweieinhalbtausend Einwohner zählenden Verwaltungszentrum der Grafschaft, schwenken wir gleich nach Westen, um auf kleinen Nebenstraßen die einsamen Küsten und Berge zu erkunden. Schon von weitem kündigt sich durch intensiven Fischgeruch das Städtchen Killybegs an und verrät, wovon seine tausend Einwohner leben. Der Hafenort an der gleichnamigen Bucht ist das wichtigste Fischereizentrum im Nordwesten der Insel und hat – dank üppiger EU-Gelder – neben Castletownbere den größten Hafen an der Westküste. Farbenfrohe Kutter und große Trawler liegen im spiegelblanken Wasser des Hafens. Sie versorgen die örtliche Fischfabrik mit ihrer schuppigen Fracht – und die Luft der Umgebung mit einem wenig verlockenden Duft.

Steil geht es vom Hafen hinauf zum Bergrücken von Drumanoo Head und dann hinunter zur Fintragh Bay, an der uns ein kleiner Stichweg zu einem traumhaften Sandstrand zwischen Felsen und Dünen bringt. Dann schwenkt die

Donegal Abbey: geheimnisvolle Klosterruinen und Keltenkreuze am Lough Eske.

senkessel voll brodelnder Meereswellen, aus deren weißem Schäumen spitz gezackte Felsen emporragen. Ein großartiger Blick – vorausgesetzt natürlich, daß weder Nebel noch Regenschwaden ihn verschleiern.

Wer trittsicher und schwindelfrei ist kann von hier aus den legendären »One Man's Path« unter die Bergstiefel nehmen, der auf der Abbruchkante der Felsen verläuft. Seinen Namen verdankt er der Tatsache, daß er stellenweise gerade breit genug für eine Person ist: links geht es 600 m tief in den Atlantik hinunter, rechts mehrere hundert Meter in einen felsigen Abgrund. Bei starkem Wind, Regen oder Nebel läßt man tunlichst die Füße von diesem Pfad, denn ein Geländer oder sonstige Sicherungen gibt es nicht. Die gefährlichste Passage kann man auf einem weiter landeinwärts am Hang verlaufenden Trail umgehen, der bezeichnenderweise der »Old Man's Track« genannt wird. Wer genügend Zeit hat, kann dem Klippenkamm bis zur Malin Bay und nach Glenkolumbkille folgen.

Straße von der Küste weg, denn nun versperren die höchsten Klippen Europas den Weg: die steilen Felsen der Slieve League. Mit über 600 m Höhe sind sie fast dreimal so hoch wie die imposanten Cliffs of Moher. Kurz nach dem rostbraun gestrichenen »Rusty Mackerel Pub« in Teelin schraubt sich eine schmale Serpentinenstraße 4 km weit steil empor zu einem kleinen Parkplatz auf dem Bunglass Plateau. Nur wenige Schritte davon entfernt steht man am Rand der Klippen und genießt einen atemberaubenden Blick von der Steilküste hinunter in einen Fel-

Stellplatz am Ende der Welt

Wir machen lieber kehrt, denn mein »Hochzeitsgeschenk« ist alles andere als eine Bergziege. Sie gruselt sich vor Gratwanderungen und wird schon beim Blick über den Klippenrand leicht bläßlich. Durch ein ein-

Die tief ins Landesinnere vorstoßen-
den Meeresbuchten sind oft kaum
von den Seen zu unterscheiden.
(Foto: Rainer Höh)

sames Hochland mit glitzernden
Bergseen kurven wir nach Glenkolumbkille, das seine Existenz einem
Kloster verdankt, welches der Heilige Columcille dort in grauer Vorzeit
gegründet haben soll. Eine Anzahl
frühchristlicher Relikte sind in der
näheren Umgebung erhalten geblieben.

Wie am Ende der Welt liegt das
150-Seelen-Dörfchen unterhalb hoher Hänge in einer abgeschiede-
nen Bucht. Daß es nicht wie so viele
andere Weiler längst verlassen wurde, verdankt es dem Priester James
McDyer, der seine Schäfchen nicht
auf ein besseres Jenseits vertröstete,
sondern in den fünfziger Jahren eine Kooperative zur Ankurbelung

des Fremdenverkehrs gründete. Fe-
rien-Cottages wurden gebaut, eine
gälische Sommerschule eingerichtet und ein sehenswertes kleines
Folk Village geschaffen, das mit drei
reetgedeckten Bauernkaten aus
dem 18., 19. Und frühen 20. Jahrhundert über das Leben in der damali-
gen Zeit informiert.

Hoch am Hang mit weitem Ausblick über Dorf, Bucht und Meer finden wir am Ende einer kurzen Stich-
straße unser Nachtquartier: einen
kleinen Parkplatz wie geschaffen für
uns Wohnmobilisten. Wer allerdings

mit langem Radstand unterwegs ist und anschließend noch in das Dorf hinunter will, der muß schon tüchtig ausholen oder einmal zurücksetzen, um die enge Kurve zurück zur Straße nehmen zu können.

Bei einem traumhaften Sonnenuntergang sitzen wir vor unserem Wohnmobil im Freien und genießen einen kräftigen Bohnentopf, ein kühles Guinness und die großartige Aussicht. Ringsum weiden Schafe mit langer Lockenwolle, kleinen Hörnchen und schwarzen Gesichtern. Lämmer blöken und Nebelkrähen segeln vorüber. Von einem Pub wehen die Klänge irischer Folklore herauf, die so wundervoll in diese herbe Berglandschaft paßt. Lange sitzen wir in der hereinbrechenden Dämmerung, während drunten in der Bucht die ersten Lichter aufleuchten und graue Dunstschwaden über die Häuser kriechen.

Hinauf in die einsamen Berge und Hochtäler!

Durch ein grünes Tal mit weiß gekalkten Cottages und über kahle Heidehügel führt das Sträßchen weiter zum Glengesh Paß hinauf und dann in engen Schleifen steil hinunter nach Ardara. In den traditionellen Weberdörfchen, das mehr und mehr zu einem Touristenzentrum wird, erklingt noch heute das melodische Klappern der alten Webstühle, auf denen der berühmte Donegal-Tweed entsteht – nach

überlieferten Mustern und mit Farben der irischen Natur: der Heide, der Moorseen und der Sonnenuntergänge. Gedämpfte Töne, blasses Moosgrün und das Rauchblau ferner Bergketten und dazwischen leuchtet das strahlende Gelb der Ginsterblüten hervor.

Bei Glenties bin ich der Ansicht, daß es an der Zeit wäre, landeinwärts in die Berge und Hochtäler hinaufzufahren, um das geheimnisvolle Innere Donegals kennenzulernen. Also lassen wir das keltische Ringfort auf seiner Insel nahe Naran links liegen, verzichten auf den ebenfalls schwer zugänglichen Dolmen von Kilclooney, und verschieben auch die von zahllosen Tümpeln durchsetzte Moorlandschaft von Dawros Head und den malerischen Strand von Narin auf eine spätere Reise. Ein stilles Bachtal hinauf fahren wir zum Lake Finn. Fast unwirklich blau leuchtet sein glatter Spiegel aus dem Grün der Weiden und spiegelt die verzitternde Silhouette der Berge. Am Ufer entlang kommt ein Züglein mit knallroten Wagen durch das saftige Grasland gerattert. Ein Mann läuft voraus, um ein Weidetor zu öffnen, läßt den Zug passieren, schließt es wieder und rennt, das Bähnlein überholend, zum nächsten Gatter. Irische Reisegeschwindigkeit. Welche eine Idylle – solange man nicht derjenige ist, der rennen muß.

Ein Sträßchen schraubt sich über den See empor zu einem von Tei-

Durch ein menschenleeres Hochtal fahren wir hinauf in die Berge zum Glenveagh Nationalpark. (Foto: Rainer Höh)

chen getüpfelten Hochland. Wir folgen ihm behutsam, denn die heiße Mittagssonne hat hier am Südhang den Teer aufgeweicht. Irischer Teer ist solche Hitze nicht gewöhnt. Er wird breiig und will davonlaufen. Wenn wir in einer der Spitzkehren unvorsichtig Gas geben, dann drehen die Räder durch und die Teerdecke fliegt nach hinten weg! Also sachte hinaufgetuckert.

Wildes weites Land im Herzen Donegals

Menschenleer ist das Hochland – hier sollte man wandern! – aufregend schön der Abstieg zwischen Felsen hindurch nach Doocharry. Von dort führt ein spindeldürres Sträßchen einem weiteren Bachtal folgend hinauf zu den Glendowan Mountains und zum Glenveagh Nationalpark. Kein einziges Auto kommt uns entgegen. Zunächst sind die Bachufer gesäumt von üppigem Stechginster und blühenden

ist längst abgebröckelt, die Dächer sind eingestürzt, die Fensterlöcher leer. Dohlen nisten im Gemäuer, Ginster sprießt aus den Ritzen, und im Türeingang rangeln zwei Schafböcke Kopf an Kopf. Wie schwer muß es gewesen sein, dieses herrliche Tal zu verlassen, die Tür zuschließen, um nie wieder zu kommen. Wie groß die Not, die einen heimatverbundenen Iren dazu trieb!

Höher droben wird das Tal plötzlich weit und kahl, mit moorigen Hängen und steinigen Bergrücken. Kein Ginster mehr, kein Busch und kein Baumstubben. Unverhüllt liegt die ganze Schönheit dieser kargen und klaren Berge vor uns. Eine baumlose Hochgebirgslandschaft, obwohl wir uns kaum 300 m über dem Meer befinden. »Wie in der Brooks Range Alaskas«, denke ich.

Der Lake Barra, direkt an der Straße, ist einer der schönsten Seen, die wir in ganz Irland gesehen haben: grünblaues Wasser, saftige Wiesenränder und ein weißer Sandstrand am Nordufer. Wir dösen in der warmen Mittagssonne und lauschen wortlos der Stille, die durch kein Motorengeräusch zerstört wird. So sonnig, friedlich und still muß der Garten Eden einst gewesen sein.

Hinter dem See geht es steiler empor zu einer Paßhöhe mit weitem Blick auf die Derryveagh Mountains, über den Gartan Lake und tief ins Herz des Nationalparks. In einem sumpfigen Graben, entdecke ich leuchtend weiße Fie-

Rhododendren. Große Felsblöcke und moorige Senken voll dunkelgrüner Binsen sprenkeln die Schafweiden. Hie und da ragen abgestorbene Bäume bizarr in den Himmel oder liegen vom Sturm gestürzt auf dem grünen Teppich, den die Schafe wie einen Rasen geschoren haben. Vereinzelte Fichten und Pappeln trotzen dem rauhen Klima des Hochtals. Graue Steinmauern und goldene Irisblüten säumen den Weg.

Zerfallene Ruinen alter Steinhäuser tauchen auf. Ihr weißer Kalkputz

berklee mit fedrig ausgefransten Blüten. Ein Meer von Wollgras läßt über dunklem Torfgrund seine weißen Wattewimpel flattern, zierliche Erikablütchen erzittern sacht im Wind und über rundgewaschene Steine gurgelt leise ein Bach. Gefesselt von der herben Schönheit dieser Berge streifen wir in Gummistiefeln über das Heideland, entdecken Neues bei jedem Schritt und können uns fast nicht losreißen.

Die Sonne nähert sich schon dem Horizont, die Berghänge glühen im Abendlicht und wir sind noch immer im Hochland. »Ach laß uns doch einfach hierbleiben für die Nacht«, schlage ich vor. Was kann es schöneres geben, als abends beim Einschlafen dem Wind und den Moorhühnern zu lauschen, dann morgens zu erwachen und diesen Blick auf endlose Heideflächen und Bergketten zu genießen?!

An unserem kleinen Campingtisch sitzen wir bei Sonnenuntergang vor dem Wohnmobil bei heißem Tee und belegten Broten, lassen die Augen über ferne Hänge wandern und lauschen den melancholischen Melodien der Tin Whistle. Erst als die Mückenplage gar zu lästig wird, flüchten wir in den Schutz unserer Wohnburg und genießen den Ausblick durch das Panoramafenster, das wie ein großer Bilderrahmen ist, in dem jeden Abend ein anderes und noch schöneres Landschaftsgemälde prangt.

Auf einem kleinen Parkplatz verbringen wir einen ruhigen Abend am stimmungsvollen Lough Nacung. (Foto: Rainer Höh)

Mt. Errigal, der schönste Berg Irlands

Durch die Seenlandschaft zwischen Doocharry und Dunglow erreichen wir The Rosses, eine amphibische Küstenregion mit glattpolierten Felsen, weißen Bungalows, grauen Findlingsblöcken und unzähligen Teichen, die stark an die schwedische Schärenküste erinnert. Weiter geht es entlang der Küste von Gweedore bis hinauf zum Felsenkap Bloody Foreland, das seinen Namen allerdings nicht einer blutigen Schlacht verdankt, sondern seinen blutroten Sonnenuntergängen.

Daoine Sidhe: Gestalten der irischen Anderswelt

Als die unsterblichen Tuatha de Danaan (Volk der Göttin Danu) nach Irland kamen, vertrieben sie die dort herrschenden Fir Bolg. Aber sie wurden ihrerseits von den keltischen Söhnen des Mil besiegt und zogen sich unter die Erde zurück, wo sie als Sidhe (Feen) in den Hügeln weiterleben – und im Geisterglauben des Volkes.

Die wohl bekannteste Gestalt dieser Anderswelt ist der Leprechaun, ein schlaues und verschmitztes Schusterlein, das einen Topf Gold am Ende des Regenbogens versteckt und gerne die Menschen foppt. Der Pooka kommt gern in Gestalt eines Ziegenbocks daher (gäl. »poc« = Ziegenbock), erscheint einsamen Wanderern aber auch als riesiger Geisterhund. Auf ihn geht die Puck Fair in Killorglin zurück und der Kobold Puck in Shakespeares Sommernachtstraum. Der Cluricane ist ein Gnom mit rotem Mantel, Nachtmütze und blauen Strümpfen, der einen enormen Appetit hat und gerne Schabernack treibt. Der Ganconer (Liebredner) ist eine männliche Fee mit Tonpfeife und macht sich nachts gerne an einsame Frauen heran. Spaß und Schabernack hören auf, wenn man einer Banshee begegnet, einer dürren, in Spinnweben gekleideten Gestalt mit rotgeweinten Augen, die Klagelaute ausstößt und vom nahen Tod eines geliebten Menschen kündet.

Daß sich der Feenglaube so hartnäckig erhalten hat (wenngleich viele sagen: »Natürlich glaube ich nicht an Feen, aber geben könnte es sie schon«), erklären die Worte von William Butler Yeats, der von seinem Volk sagt, es habe sich »eine Begabung zur Vision erhalten, die bei hektischeren Völkern ausgestorben ist. Uns konnten keine lichtspendenden Leuchter daran hindern, ins Dunkel zu blicken. Und wenn man ins Dunkel blickt, ist immer etwas drin«.

Als wir wieder nach Süden zum Lough Nacung schwenken, taucht er plötzlich aus der Moorlandschaft empor: der Mt. Errigal, Irlands schönster Berg und mit 752 m der höchste Gipfel Donegals. Seine perfekt geformte Pyramide sieht aus wie der Kegel eines erloschenen Vulkans. Weißlich glänzende Quarzitstreifen und lange Geröllhalden erinnern an alte Lavaströme. Das ist vielleicht ein Fotomotiv! Ich belagere ihn mit meiner Kamera aus unterschiedlichen Perspektiven: Mt. Errigal hinter Binsenbüscheln, Mt. Errigal über dem Wasser des Sees, Mt. Errigal über Ginsterblüten und Mt. Errigal hinter den Felsblöcken am Ufer.

»Denk an deinen schwindsüchtigen Filmvorrat!«, mahnt meine Frau.

An der Südflanke des imposanten Zuckerhuts klimmt unser rollendes Wochenendhaus wieder in ein Hochtal hinauf und um die Derryveagh Mountains herum zum Besucherzentrum des Glenveagh

Glenveagh Nationalpark

Mit fast 100 km≈ ist der Glenveagh Nationalpark Irlands größtes Naturschutzgebiet und zugleich eine der Hauptattraktionen Donegals. Hier grasen die letzten großen Hirschrudel der Insel. Indirekt verdankt der Park seine Existenz dem Großgrundbesitzer John George Adair, der Mitte des vorigen Jahrhunderts das gesamte Tal um den Lough Veagh erwarb. Er vertrieb er sämtliche Pächter und ihre Familien von seinem Besitz, errichtete sich ein prunkvolles Schloß und begann, die Wildnis am Seeufer in einen Park zu verwandeln. Ein steinreicher Amerikaner irischer Abstammung kaufte Castle und Gärten in den dreißiger Jahren und ließ – mit Hilfe seiner Frau und durch einen Stab von Gärtnern – in vierzig Jahren die Schönheit der Parks und Gärten des heutigen Glenveagh entstehen: Eichenwälder und Terrassen mit antiken Skulpturen, ein Küchengarten und farbenprächtige Blumenbeete sind zu einer malerischen Landschaft verwoben, die in reizvollem Kontrast zu den rauhen und kahlen Hängen ringsum steht.

Nationalparks. Von dort bringen Kleinbusse die Gäste zum 3 km entfernten Schloß. Aber man darf nicht zu früh ankommen. Die Iren sind nun einmal keine Frühaufsteher. Vor 10.30 Uhr geht gar nichts. Als wir ankommen ist der große Parkplatz völlig leer und wir können auf dem Teersträßchen ungestört am Seeufer entlangradeln.

Karibik-Impressionen: die smaragdgrüne Bucht von Rosguill

Da die Straße nach Creeslough gesperrt ist, müssen wir eine weite Schleife nach Norden ziehen und lernen so die Halbinsel Horn Head kennen und den herrlichen Ards Forest Park direkt an der Küste von Sheep Haven. Bis zu Beginn unseres Jahrhunderts war Horn Head mit

den zweithöchsten Klippen Donegals eine eigene Insel. Bis heftige Stürme die Dünen in Bewegung setzten und die Meerenge damit zuschütteten. Übrig geblieben ist nur der New Lake, an dessen Ufer wir unsere Mittagspause machen. Dabei lernen wir zwei Engländer kennen, die wie waschechte Lords aussehen und zum Fischen hierher gekommen sind.

»Nice day!«, grüße ich, wie es sich gehört und seit einer vollen Woche sogar den Tatsachen entspricht. Doch die Lords antworten nicht etwa mit dem erwarteten »wonderful day«. Sie ziehen eine sauertöpfische Miene und erklären, daß sie sehnlichst auf einen Wetterumschwung hoffen. »Bei dieser Hitze beißt doch kein Fisch! Aber solange der Süd-

Rosguill mit seinem Atlantic Drive lockt zu einer weiteren Schleife, obwohl das Sträßchen auf unserer Karte schon nicht mehr mit einer Doppellinie eingezeichnet ist, sondern nur noch als ein dünner Bindfaden. Das kann uns nicht mehr schrecken, denn wir wissen längst, daß diese Angaben der Kartenzeichner herzlich wenig zu besagen haben. Und wie fast immer erleben wir eine großartige Überraschung. Schon die Westküste mit ihren Sandstränden ist bezaubernd, wenngleich mehr zum Sonnenbaden als zum Schwimmen geeignet. Gefährliche

wind weht wird sich das nicht ändern «. Na, uns soll es recht sein. Wir wünschen ihnen Petri Heil und einen recht verregneten Urlaub. So relativ kann »schönes Wetter« sein!

Hoch über einer smaragdgrünen Bucht am faszinierenden Atlantic Drive der Rosguill Halbinsel. (Foto: Rainer Höh)

Strömungen würden selbst einen Olympioniken aufs Meer hinaus ziehen. »Boveeghter« heißt einer der Strände; zu Deutsch: das Mörderloch!

An einer von Felsen gesäumten Sandbucht bei Doagh machen wir Kaffeepause und als wir danach die Steilstrecke hinauf zu den Klippen erklommen haben, bleibt uns fast die Spucke weg. Tief unter uns erstreckt sich eine weite Sandbucht smaragdgrün wie an der Costa Smeralda Sardiniens! Das glasklare Wasser geht vom Tiefblau des Atlantiks allmählich in ein leuchtendes Smaragdgrün über, gesäumt vom weißen Schaum der Brecher und dem hellen Gelb des Sandes. Und die anrollenden Wogen tragen das Blau des tiefen Wassers mit langen Bändern weit ins Grün hinein.

Steil empor zum Steinernen Palast der Sonne

Ähnlich schön wie die Rosguill-Küstenroute, wenngleich nicht so spektakulär ist der wesentlich längere Atlantic Drive der anschließenden Fanad Halbinsel. Dann müssen wir, um den nördlichsten Punkt Irlands zu erreichen, zunächst weit nach Süden ausweichen und die Meeresbucht Lough Swilly umfahren. Übrigens liegt der nördlichste Punkt der Insel nicht etwa in Nordirland, wie man vermuten könnte, sondern auf der zur Republik Irland gehörenden Halbinsel Inishowen.

Kurz bevor man die von zwei Meeresarmen umklammerte Halbinsel erreicht, sollte man jedoch – nur noch einen Katzensprung vor der nordirischen Grenze – einen Abstecher machen zum »Steinernen Palast der Sonne«, wie der gälische Name »Grianan of Aileach« übersetzt lautet. Steil geht es auf einem schmalen Sträßchen hinauf. Dickichte aus goldgelbem Stechginster säumen das Asphaltband, das geradenwegs in den Himmel zu führen scheint. Was für eine Fernsicht! Droben auf dem Gipfel hockt mitten im Wiesengrün wie ein geducktes Ungeheuer aus dunklem Stein der kreisrunde, fensterlose Festungsbau. Düster und imposant.

»Unter einem »Palast der Sonne« hätte ich mir aber etwas anderes vorgestellt als diese Steinschüssel!«, meint meine Frau zu recht. Fünf Meter ist die finstere Mauer hoch und an ihrem Fuß fast ebenso dick. Wie alt der Mauerring tatsächlich ist, weiß niemand zu sagen – manche schätzen sein Alter auf über 3.500 Jahre andere nur auf die Hälfte. Sicher ist jedoch, daß er bereits im 2. Jahrhundert nach Christus weit bekannt und auf der Weltkarte des Ptolemäos eingezeichnet war.

Inishowen: hundert Meilen Küstenrundfahrt

Wer würde schon Donegal verlassen, ohne auf Inishowen gewesen zu sein? Auf dieser großen Halb-

oder genauer Dreiviertel-Insel, die ein buntes Mosaik aus feinsandigen Stränden, schroffen Klippen, grünen Weiden und grauen Findlingen umfaßt. Wir jedenfalls nicht. Auf der »Inishowen 100« Route, die genau 100 Meilen (160 km) lang ist, wollen wir sie umrunden. Und noch immer ist der Himmel blank, noch immer strahlt die Sonne wie am Mittelmeer. Kaum zu glauben, daß wir hier in Irland sind. Kein Wunder, daß die Strände um Fahan und Buncaran von Badegästen aus dem nahen Nordirland überschwemmt sind. So ein Gewimmel haben wir auf der ganzen Insel noch nicht erlebt. Also weiter!

Wir verzichten auf das weit über tausendjährige St. Muras Cross von Fahan mit seiner griechischen Inschrift und auf das Oldtimer-Museum von Buncaran, um rasch ins ruhigere und kaum besiedelte Landesinnere zu gelangen. Hier wird die Beschilderung der »I 100« spärlich und die Routenführung weniger klar. Plötzlich stehen wir auf einem Schild mit der Aufschrift »Gap of Mamore« und halten kurz an, um den Reiseführer zu konsultieren. Das »Gap« sei nicht leicht zu finden, steht dort. Der Abstecher soll empfehlenswert sein, aber daß Paßsträßchen so steil wie eine Himmelsleiter: beinahe 30%! Nein, das wollen wir unserem guten Dieselmobil nicht antun. Dafür machen wir eine kurze Pause am Tullagh Beach, der als der schönste Strand Inishowens

gilt und nicht so überlaufen ist. Heiße Luft flimmert über dem Sand. Bergschafe stolzieren vorüber wie Wollknäuel auf schwarzen Steckenbeinen und suchen den Schatten der Bäume. Stoisch blicken sie aus ihren dunklen Augen in die Ferne. Unter ihrem dicken Vlies muß die Hitze unerträglich sein.

Dann rollen wir weiter nach Norden, um Malin Head zu erreichen, den nördlichsten Punkt der Insel, an dem wir uns einen hübschen Stellplatz erhoffen. An einem Dünenstrand entlang geht es in eine wilde Hügelwelt hinauf. Wie durch ein Labyrinth schlängelt sich die Straße kreuz und quer. Schon sehen wir den Turm von Malin Head vor uns, aber das Sträßchen schlägt einen weiten Bogen und dann noch einen, als wolle es uns jeden Quadratmeter dieses reizvollen Landzipfels zeigen. Das nördlichste Haus, die nördlichste Steinmauer, das nördlichste Schaf Irlands.

Malin Head: am nördlichsten Punkt Irlands

Schließlich das Kap. Es übertrifft all unsere Erwartungen. Wahrhaft wie am Ende der Welt. Ein runder Felsenhügel, umgeben von brandendem Meer. Zwischen zwei Felskuppen liegt ein kleiner Parkplatz mit Picknicktisch, davor ein von Schafen kurz geschorener Rasen wie ein grüner Filzteppich, übersät von leuchtenden Blumen: gelber Horn-

klee, Gänseblümchen, Prunellen und zarter Strandnelken. Meerblick nach Westen, Meerblick nach Osten, und unter uns die felsigen Klippen gegen die der Atlantik schäumt. Nein, so schön hätten wir es uns gar nicht ausmalen können!

Ein Erkundungsspaziergang führt uns über torfigen Boden, Blumenwiesen und kahlen Fels, am Klippenrand entlang und hinauf zum alten Wachtturm, in dessen hohlem Gemäuer die Dohlen schnarren. Ein

scharfer Wind pfeift über das kahle Kap hinweg und läßt die Blütchen zittern. Ganz am Horizont ist ein dunkler Streifen zu erkennen. Die schottische Küste? Mehr zu erahnen als erkennbar, aber die Richtung würde stimmen.

»Schau mal, da unten!«, ruft meine Frau. Mit hellen Steinen sind auf grünem Wiesengrund große Buchstaben gelegt: »EIRE«.

»Ob das für Flugzeuge ist?«, vermutet sie. Mir scheint das höchst un-

Malin Head: traumhafter Stellplatz auf einem vom Meer umgebenen Hügel an der nördlichsten Spitze Irlands. (Foto: Rainer Höh)

den. Seither sind die Buchstaben sicher aufgefrischt worden, und ringsum ist in kleineren Buchstaben ein Gewirr verschiedener Namen hinzugekommen.

Wir sitzen am Picknicktisch vor unserem rollenden Zuhause wie auf einer Aussichtsterrasse am nördlichsten Punkt der Insel und stoßen auf das Erlebnis an. »Prost!« »Das nördlichste Guinness Irlands – reif für das Guinnessbuch!«

Glücklich blinzeln wir auf das glitzernde Meer hinaus, über dem weiße Möwen kreisen und die Sonne immer tiefer sinkt. Wenn das kein krönender Höhepunkt unserer Irlandrundfahrt ist!

Ein mysteriöses Naturschauspiel

Die letzten Besucher sind verschwunden, Stille liegt über dem Kap und ein traumhafter Sonnenuntergang kündigt sich an. Abend für Abend haben wir solche Sonnenuntergänge erlebt. Jeder noch schöner als der vorhergehende. Aber hier am Malin Head werden wir Zeugen eines Schauspiels, das wir noch nie gesehen haben und nie für möglich gehalten hätten. Zusehends versinkt die blutrote Sonne

wahrscheinlich, bei Flughöhen von 10.000 m und modernsten Navigationssystemen. Doch unser Reiseführer gibt ihr recht. Die Schrift stammt aus dem Zweiten Weltkrieg und sollte deutschen Bombern zu erkennen geben, daß sie sich nicht über dem britischen Ulster, sondern über neutralem Territorium befan-

Nächste Seite: Sonnenuntergang an der nördlichsten Spitze der Insel, einem unserer schönsten Stellplätze. (Foto: Rainer Höh)

im glühendem Dunst. Schon hat das Meer sie zur Hälfte verschluckt, gleich wird sie verschwunden sein. Doch nein! Plötzlich scheint sie stehenzubleiben! Das gibt es doch gar nicht!

Als stünde die Erde plötzlich still, verharrt der halbierte Glutball am Horizont. Wir sind ganz aufgeregt und fassungslos. Und dann beginnt die Glutmasse gar sich auf geheimnisvolle Weise zu verformen, verflacht zu einer fliegenden Untertasse, die rot flammend über dem Meeresglitzern schwebt. »Da! Schau nur!«. Von Sekunde zu Sekunde verändert sie fließend ihre Gestalt, ohne dabei tiefer zu sinken. Wird breiter, kissenförmig, schließlich gar rechteckig.

Keine Ahnung, wie lange das überirdische Schauspiel tatsächlich gedauert hat. Uns kommt es wie eine Ewigkeit vor, ehe das Rot des Feuerkörpers ganz langsam immer dunkler wird und schließlich verlöscht. Staunend sitzen wir vor dem leuchtenden Abendhimmel und rätseln um eine Erklärung für das mysteriöse Phänomen. Vermutlich war es gar nicht mehr die Sonne selbst, was wir gesehen haben, sondern ihr gleißenden Lichtband am fernen Horizont. Aber es war so klar umrissen und körperhaft wie die Sonne selbst. Was immer wir auch gesehen haben mögen, es war ein überwältigendes Naturschauspiel!

Nachts werden wir plötzlich wach. Unser Wohnmobil schwankt

wie von Riesenfäusten geschüttelt. Der Wind ist noch heftiger geworden. Heulend pfeift er über unser Häuschen hinweg aufs Meer hinaus und läßt die Kiste schaukeln, daß man seekrank werden könnte. Wir stehen genau quer zur Windrichtung in der Engstelle zwischen den beiden Felskuppen – wie der Korken in einer Flasche.

»Er wird uns doch nicht über die Klippen hinauspusten«, bangt meine Frau, als eine heftige Bö uns durchrüttelt. »Ach was«, sage ich, »unsere drei Tonnen schmeißt so schnell nichts um«, denn ich bin zu träge, um aufzustehen und das Häuschen in eine andere Richtung zu drehen.

Tatsächlich erwachen wir an genau derselben Stelle, an der wir eingeschlafen sind. Immer noch pfeift ein heftiger Wind durch die Felsenenge. Unter uns wehen lange Gischtschleier über die Klippen em-

Nordirland: wo bitteschön war die Grenze?!

Vom Grenzübergang nach Nordirland sei kaum etwas zu bemerken, hatten wir gelesen, sind dann aber doch überrascht, als wir in Richtung Derry steuern und erst an der Farbe der Briefkästen merken, daß wir bereits durch das britische Ulster fah-

por, aber die Sonne strahlt unverändert von einem wolkenlosen Himmel und bald wird es wieder so heiß sein wie am Südseestrand.

Ausgedehnte Getreidefelder im fruchtbareren und wohlhabenderen Nordirland.

ren. Sie sind hier britisch rot im Gegensatz zum irischen Grün in der Republik.

»Derry werden wir meiden«, hatte ich meiner Frau versprochen, die sich nur mit Unbehagen zu einer Fahrt durch das vom Bürgerkrieg geschüttelte Ulster hatte überreden lassen. Dabei hätte sie keinerlei Grund zur Sorge, denn in Nordirland sind Touristen genauso sicher wie in der Republik. Aber erklären Sie das einmal einer Frau und Mutter, die drei Kinder zu Hause gelassen hat!

Also schwenken wir gleich wieder nach Norden und fahren auf der fantastisch ausgebauten N 5 an der Küste entlang. Etwas anders sieht es hier schon aus als in der Republik, irgendwie »protestantischer« finde ich, so eigenartig sich das anhören mag. Saubere Backsteinbauten, schmuck aber nüchterner als die Cottages der Republik, moderne, breit ausgebaute Straßen, große Äcker und Bauerngüter anstelle der Schafweiden und Kleingehöfte. Alles wirkt eine Spur fortschrittlicher und wohlhabender als jenseits der Grenze, dafür aber auch nicht ganz so heimelig und behaglich.

Andererseits ist die Republik Irland keineswegs mehr das Armenhaus, als das es in vielen Büchern noch beschrieben wird. Schon lange waren mir dort die vielen neuen Autos aufgefallen und zahlreiche Bungalows, die alles andere als ärmlich aussahen. Tatsächlich hat Irland in den letzten Jahren durch

ausländische Investitionen, großzügige Hilfe aus Brüssel und kluge Politik einen wirtschaftlichen Aufschwung erlebt wie kaum eine andere Industrienation. Europaweit liegt es an einsamer Spitze und mit seinem Bruttoinlandsprodukt hat es bereits Großbritannien überflügelt. 7,25 Prozent Wirtschaftswachstum, lese ich in einem Artikel, der aber bezeichnenderweise nicht in einer irischen, sondern in einer deutschen Zeitschrift steht. Die Inselpolitiker wollen ihre Wirtschaftsblüte nicht an die große Glocke hängen, denn der Ruf als ewiges Notstandsgebiet war so gewinnbringend, daß man ihn gerne noch etwas verlängert, um weiter von den EG-Zuschüssen zu profitieren. »Jedesmal, wenn ich mit dem Wagen unterwegs bin«, so zitiert das Hamburger Magazin einen Iren, »denke ich: Gott segne den deutschen Steuerzahler«.

Mussenden Temple: Möwen aus der Vogelperspektive

Bei Downhill führt die Straße wieder an endlosen Sandstränden entlang. Hoch droben am Klippenrand entdecken wir einen pavillonartigen Rundbau, zu dem es durch einen Einschnitt zwischen den Felsen steil hinaufgeht. Durch ein Löwentor gelangen wir in ein Labyrinth von Rhododendren und Ruinenmauern. Von dem hübschen Pavillon ist nichts mehr zu sehen. Wo sind wir?

Im Downhill House verrät eine Tafel. Dieses »House« (welch britisches Understatement für einen solchen Riesenpalast!) wurde Ende des 18. Jahrhunderts von Frederick Hervey errichtet, seines Zeichens Bischof von Derry zugleich aber auch Earl of Bristol und ein überaus erfolgreicher Hotel-Tycoon, nach dem die zahlreichen Bristol Hotels benannt sind. Mehrere Brände haben von dem gewaltigen Prunkbau nur noch die Außenmauern übrig gelassen. Über grüne Schafweiden (achten Sie auf die zahlreichen Tretminen, die diese wolligen Rasenmähern hinterlassen!) gelangen wir schließlich doch noch zu unserem Pavillon am Klippenrand. Der nach einer Cousine des wohlhabenden Bischofs benannte Mussenden Temple wurde eigentlich als Bibliothek errichtet.

Wahrhaft spannende Bücher mußte man dort lesen, um den Blick nicht immer wieder über die Felskante hinaus auf den weiten Sandstrand und die anrollenden Atlantikwogen abschweifen zu lassen und die vorübersegelnden Möwen aus der Vogelperspektive zu beobachten. Die Grüne Insel erhebt sich nicht wie andere Inseln als Buckel aus dem Meer, sondern ist wie ein Teller mit erhöhtem Rand geformt, habe ich irgendwo gelesen. Hier ist das wieder einmal höchst anschaulich demonstriert.

Wir passieren die Ruine von Dunluce Castle, das der tollkühne Burg-

herr immer waghalsiger auf die freistehende Klippe hinaus erweitern ließ, bis 1639 bei einem Sturm die gesamte Küche samt Personal in die Atlantikwellen stürzte. Wenig weiter taucht das Städtchen Bushmills auf, mit der ältesten Whiskeybrennerei der Welt, die seit 1608 das irische Lebenswasser destilliert. Heute gehört sie – welch nationale Blamage! – dem französischen Konzern Pernod-Ricard. Doch unbesorgt: das typische Torfrauch-Aroma wurde nicht durch Anisgeschmack ersetzt!

Steinerne Traumwelt: der Giant's Causeway

Als das größte Naturwunder Nordirlands bezeichnen Reiseführer und Broschüren den »Giant's Causeway«. Tatsächlich, dieses Orgelpfeifengewirr aus dunklen Basaltsäulen ist unbedingt sehenswert. Allerdings sollte man es nicht gerade an einem sonnigen Sonntagnachmittag besuchen, wenn auf jede der Säulen ca. 1 1/2 Ausflügler samt anteilsmäßiger Kinderschar kommen. Proppenvoll ist der große Parkplatz. An seiner Zufahrt wird eine »pfundige« Gebühr kassiert – in Sterling natürlich, nicht in Irish Punts. Haben wir nicht. Aber problemlos werden auch die Münzen der Republik akzeptiert, obwohl sie etwas weniger wert sind.

In einer wahren Backofenhitze spazieren wir den steilen Weg hinunter, doch Hitze und Müdigkeit sind wie weggeblasen, als wir durch das Wirrwarr der bizarren Säulen streifen – 30.000 sollen es sein! Braune, schwarze und weißgraue Sechseckpfeiler erheben sich bis zu 12 m hoch, einige schimmern sogar golden von einem seltsamen Algenbelag bedeckt. Hier ragen sie auf wie Orgelpfeifen, dort sind sie als Stufen und Sessel angeordnet, um etwas weiter wieder einen ebenen

Giant's Causeway: ein Orgelpfeifengewirr aus Tausenden von eigentümlich geformten Basaltsäulen.

Die Legende vom Riesendamm

Der Legende zufolge soll der Riese Finn McCool diesen gewaltigen Damm errichtet haben, um seine auf der schottischen Insel Staffa lebende Geliebte trockenen Fußes erreichen zu können. Eine andere Version behauptet er sei darauf bis nach Schottland gewandert, um einen anderen Riesen zum Zweikampf herauszufordern. Der aber muß ihm dann doch eine Nummer zu groß gewesen sein, denn bei seinem Anblick nahm er Reißaus und floh eilends zurück nach Irland. Dort soll er den ihn nachsetzenden Gegner anstatt mit roher Gewalt durch eine List seiner Frau besiegt haben. Die nämlich verpaßte ihm einen Kinderschnuller, steckte ihn als Säugling verkleidet in eine Wiege und erzählte dem heranschnaubenden Schotten, der Papa dieses »Kleinen« sei gerade auf der Jagd, worauf jener sich entsetzt die Statur des Kindsvaters ausmalte und seinerseits die Flucht ergriff. Etwas nüchterner erklärt die Wissenschaft das Entstehen dieses Naturwunder dadurch, daß in einem Vulkan emporsteigendes Magma noch innerhalb des Schlotes erstarrte und beim Abkühlen in regelmäßige, meist sechseckige Säulen zerbrach, ähnlich wie austrocknender Schlammboden zu geometrischen Scherben aufbricht.

Pflasterboden mit regelmäßigem Muster zu bilden. Einmal erscheinen sie mattgrau und scharfkantig, dann wieder von der Brandung sanft gerundet und vor Nässe dunkel glänzend. Grüne Algen und weiße Seepocken überziehen die tiefschwarzen Pflasterblöcke, riesige Tange unterschiedlicher Grün- und Brauntöne umschlingen sie und wogen im blauen Wasser auf und nieder. In flachen Mulden der Säulenköpfe hat verdunstendes Meerwasser geometrische Muster schneeweißer Salzkristalle hinterlassen, und wo mehrere Säulen zusammen eine größere Mulde bilden, bleibt das Wasser stehen und erwärmt sich, so daß leuchtend rote und hellgrüne Algen darin wachsen.

»Denk an deinen schwindsüchtigen Filmvorrat!«, mahnt meine Frau schon wieder.

Himmelhohe Klippen und die Glens of Antrim

Auch auf der weiteren Strecke mangelt es der nordirischen Küste keineswegs an spektakulären Sehenswürdigkeiten. Zunächst kurven wir auf einem ebenso schmalen wie steilen Sträßchen zu einem malerischen Felsenhafen hinunter; in Serpentinen so eng, daß wir mit unserem langen Radstand kaum noch die Kurve kriegen. Dann tauchen die herrlichen Strände der White Park Bay auf. Bei Carrick-a-Rede spazieren wir zu der berühmten

*Die Hängebrücke von Carrick-a-
Rede spannt sich 25 m hoch über
der Brandung zu einer Insel.*

»Ropebridge« (Hängebrücke), die
sich in 25 m Höhe frei über 18 m hinweg zu einer Insel hinüber spannt.
Interessant für jemanden, der noch
nie eine Hängebrücke gesehen
hat. Wir finden den Klippenpfad
dorthin interessanter.

Gleich danach führt auch die
Straße wieder auf himmelhohe Steil-
felsen hinauf, von deren Aussichts-
plattform wir nun die schottische
Küste klar und deutlich vor Augen
haben. Viel näher als erwartet. »Eine
der schönsten Küstenlandschaften
Irlands«, schwärmt unserer Reiseführer. Wir würden ihm sofort beipflich-
ten, hätten wir dieses Prädikat nicht
schon zu oft vergeben.

Nicht weniger bezaubernd aber
viel einsamer ist das Bergland da-

hinter mit den anmutigen Glens of
Antrim: ein wild-romantisches Ge-
biet mit bewaldeten Berghängen,
Wasserfällen und seltenen Blumen.
Im milden Abendlicht schweben wir
auf ungewohnt guten Straßen
durch die faszinierende Landschaft
der Antrim Berge und durch die weiten Wälder des Glenarriff Forest
Parks.

Den Abend und den folgenden
Vormittag verbringen wir in Belfast
mit Besichtigungen und einem aus-
giebigen Pub Crawl. Dann rollen wir
über Downpatrick und Newry nach
Süden zur irisch-irischen Grenze.

Betagter Nordire in den Glens of Antrim, einer romantischen Landschaft aus Bergen und Wäldern.

Nachdem wir bei Inishowen diese Grenze buchstäblich nicht bemerkt haben, erschrecken wir nun über martialische Befestigungsanlagen mit einem hohen Stacheldrahtverhau. Unmittelbar dahinter beginnen die vertrauten Holperstraßen. Wieder auf republik-irischem Boden (wie wir glauben!) suchen wir in der hereinbrechenden Dämmerung nach einem Nachtquartier, das am waldigen Ufer eines Baches rasch gefunden ist.

Von Grenzern bewacht

Meine Frau ist erleichtert, wieder außerhalb der Bürgerkriegszone zu sein. »Schau mal, da vorne muß ein

Im letzten Abendlicht fahren wir durch die traumhaften Glens of Antrim und den Glenarriff Forest Park.

Die City Hall von Belfast am Donegall Square wurde 1906 um einen rechteckigen Innenhof erbaut.

Unfall passiert sein«, sagt sie, kaum daß wir angehalten haben. In der Dämmerung sieht man auf der Straße mehrere Blaulichter blinken.

»Das muß was größeres gewesen sein«, vermute ich, als es nach dem Abendessen noch immer blau blinkt. Aber wir denken uns nichts dabei. Suspekt wird uns die Sache erst nachdem wir am anderen Morgen feststellen müssen, daß diese Blaulichter noch immer nicht verschwunden sind.

»Vielleicht ist die ganze Straße gesperrt«, mutmaßen wir noch im-

Hinter der prachtvollen Fassade des viktorianischen Crown Liquor Saloon wird gute irische Küche serviert.

Alte Windmühle von Millisle in Nordirland – an Wind dürfte es ihr auf der Insel nie gefehlt haben.

mer nichtsahnend. Erst als wir weiterfahren wird uns die Sache klar. Dort stehen keine Polizeiautos, sondern Militärfahrzeuge, und Soldaten mit Maschinenpistolen flankieren die Straße. *Das* ist der Grenzposten! Wir haben also direkt auf der irisch-irischen Grenze genächtigt. »Und diese Burschen haben die ganze Nacht deinen Schlaf bewacht«, sage ich zu meiner Frau, die mich unsicher-fragend anlächelt.

Jetzt sind wir wieder in der Republik Irland!

Weiße Wolkenschiffe türmen sich über der Hügel- und Seenlandschaft zwischen Downpatrick und Newry.

Schafzucht in den Antrim Bergen Nordirlands - nachwachsender Rohstoff für irische Pullover.

Das abwechslungsreiche Hügelland zwischen Downpatrick und Newry ist von fruchtbaren Tälern durchsetzt.

Abend über Downpatrick, das einst nur Down hieß, bis es seinen Namen durch den des Heiligen ergänzte.

Strecke

Sligo-Donegal
(66 km)
Donegal-Glenkolumbkille-Glenties
(ca. 90 km)
Glenties-Lake Finn-Doocharry-
Dunglow mit Abstecher nach
Glendowan
(ca. 78 km)
Dunglow-Dunlewy-Glenveagh
NP-Carrickart-Millford-Letterkenny
(ca. 100 km)
Abstecher:
The Rosses (ca. 17 km),
Bloody Foreland (ca. 36 km),
Horn Head (ca. 35 km),
Rosguill (ca. 15 km),
Fanad (ca. 68 km)
Letterkenny-Inishowen
(ca. 26 km)
Inishowen-Rundfahrt
(160 km)
Derry-Downhill-Portrush-Ballycastle-
Glenariff-Ballymena-Belfast
(ca. 210 km)
Belfast-Downpatrick-Newry-Dundalk
(ca. 110 km)

Streckenlänge

Gesamtfahrstrecke mit Abstechern:
ca. 1.020 km; Direktrouten: Donegal-
Glenties-Dunglow-Letterkenny ca.
155 km, Donegal-Letterkenny ca. 50
km; Letterkenny-Derry ca. 35 km,
Derry-Belfast ca. 117 km, Belfast-
Dundalk ca. 84 km

Straßenzustand

R263 nach Glenkolumbkille schmal
aber problemlos; Glengesh Paß
schmal und auf der Seite von
Ardara sehr steile Serpentinen. Die
Bergrouten R250, 251, 252 und 254
streckenweise sehr schmal (besonders die R250) aber nicht steil und
durchaus auch für Womos fahrbar.
Rosguill und Fanad meist recht
schmal und teils steile Klippen-
strecken. Letterkenny-Derry breit
und sehr gut. Insihowen gut fahrbar
aber z.T schlecht beschildert; das
letzte stück nach Malin Head
schmal und sehr kurvig. Gesamte
Route durch Nordirland sehr gut
ausgebaut; einige der besten
Straßen der Insel.

Campingplätze

Downings: Casey's Caravan Park*
(40 km nördlich von Letterkenny über
Milford und Carrickart), 01.04.-30.09.
Schöne Lage am Sandstrand
Rosbeg: Tramore Beach C&C,
Ostern-30.Sept.
Dungloe: Dungloe C&C Park, 01.05.-
31.09.
Portsalon: Knockalla C&C Park****
(von Portsalon Küstenstraße nach
Süden oder von Carrowkeel nach
Glenvar und dann Küstenstraße
nach Norden), 27.03.-17.09. Nahe
einem sehr schönen und sicheren
Badestrand
Bushmills: Bushmills Caravan Park,
95 Priestland Road, 21.03.-31.10.

Banbridge: Banbridge C&C Park**** (Straße Richtung Newry bis A1 Bypass), ganzjährig

Park- und Rastplätze

Killybegs: wenige Kilometer nach dem Ort links ab zum Strand, Parkplatz hinter den Dünen ohne Meerblick; kurz nach der Abzweigung weiterer Parkplatz auf den Klippen mit schönem Meerblick

Carrick: ca. 4 km nordwestlich, schöner Platz im Hochland mit Blick auf den Lake Unna

Glenkolumbkille: kurz vor der Strecke hinunter zum Dorf links ab bis zu einem herrlich gelegenen Platz am Ende der Straße mit weitem Blick über die Berge, die Bucht und das Dorf

Fintown: schöner Rastplatz mit Blick über den See

Lake Barra: ca. 10 km nordöstlich von Doocharry, traumhafter Platz an dem von Bergen umgebenen See, vollkommen abgelegen

Bloody Foreland: schöner Platz mit Blick auf das Kap; herrliche Sonnenuntergänge

Lough Nacung: nach dem Damm rechts herrlicher Platz direkt am Südufer, aber kaum groß genug für ein Womo; weitere Plätze mit herrlicher Aussicht am Hang oberhalb des Nordufers

Glenveagh Nationalpark: sehr großer aber schöner und abends ruhiger Parkplatz mit Toiletten am Visitor Centre

Horn Head: schöner Platz am New Lake

Creeslough: östlich des Ortes schöner Platz mit Blick über die Bucht hinweg auf Doe Castle

Ards Forest Park: herrlicher Waldparkplatz »Woodsquarter« abseits der Straße und direkt an der Bucht

Rosguill: im Norden der Halbinsel hinter Doagh zwei sehr schöne Plätze auf den Klippen mit herrlichem Meerblick; besonders schöne Aussicht vom zweiten Platz; inoffizieller Campingplatz in den Dünen an der Norspitze am Ende der Straße

Buncrana: schöne Plätze am Sandstrand, aber an Wochenenden oft sehr voll

Malin Head: einer der schönsten Plätze der Insel mit herrlichem Meerblick und großartigen Sonnenuntergängen

Downhill: ruhiger Parkplatz beim Downhill House

White Park Bay: mehrere herrliche Park- und Picknickplätze an der Straße oder etwas abseits, teilweise in Strandnähe, teils hoch auf den Klippen

Glenariff Forest Park: nur tags und gegen tüchtige Gebühr; an Wochenenden viel Trubel

Martinstown: nahe dem Ort an der N43 schöner Waldparkplatz

Sehenswert

Glenkolumbkille: Folk Village (Ostern-Mai Mo-Sa 10-18 Uhr, So 10-12 Uhr, Juni-Okt. Mo-Sa 10-18.30 Uhr, So 12-18.30 Uhr) sowie frühchristliche Ruinen in der Umgebung

Ardara: Webereien

Lough Nacung: Lakeside Centre mit Ausstellungen zur Weberei und zum Whiskeybrennen, Kinderspielplatz, Ponnyreiten und Bootsverleih (April/Mai Sa/So 12.30-18 Uhr, Juni-Sept. Mo-Sa 11.30-18 Uhr, so. 12.30-19 Uhr)

Creeslough: Doe Castle (freier Eintritt)

Glenveagh Nationalpark: Visitor Centre, Schloß, Gärten (Ostern-Okt. tägl. 10.30-18.30 Uhr, im Okt. Fr geschl.)

Grianan of Aileach: an der runden Kirche 4 km vor der Grenze rechts ab und steil hinauf (gute beschildert; freier Zutritt)

Downhill: Downhill House und Mussenden Temple (freier Zutritt)

Portrush: Dunclue Castle (April-Sept. Mo-Sa 10-17 Uhr, So bis 14 Uhr); Bushmills Whiskeybrennerei (Führungen tägl. 9-12 Uhr und 13.30-15.30 Uhr, Fr nur 9-12 Uhr)

Giant's Causeway: Visitor Centre (tägl. 11-17 Uhr, im Sommer 10-19 Uhr)

Belfast: City Hall, Opernhaus, Ulster Museum (Mo-Fr 10-17, Sa 13-17 Uhr), Ulster Folk Park (11 km außerhalb, A2 Richtung Bangor), Belfast Castle (nördlich der Stadt)

Downpatrick: St.Patricks Kathedrale, Down County Museum (Juli-Sept. 11-17 Uhr, So nur nachm.)

DIE OSTKÜSTE

Von Dundalk bis Wexford

Von den Klosterruinen und Steinzeit-Monumenten am River Boyne zum Sitz der Hochkönige von Tara. Licht und Schatten in Dublins Fair City. Heidehänge und Bergseen in den Wicklow Mountains. Mystisch-melancholisches Glendalough. Durch das Avoca Tal zu den Dünen von Britta's Bay. Vogelbeobachtungen im Marschland.

Dublin teilt die Ostküste in zwei etwa gleich große Hälften. Wer sich für Jahrtausende alte Monumente, Schlösser und Klosterruinen interessiert, ist in der nördlichen Hälfte richtig, Naturfreunde bevorzugen den Süden mit den Wicklow Mountains; lange Sandstrände findet man an den Küsten beider Hälften, und wer etwas für das bunte Treiben einer Großstadt übrig hat, der fährt mitten ins Zentrum dieser Region, nach Dublin.

Klosterruinen: Monasterboice und Mellifont

Auf der gut ausgebauten Nationalstraße rollen wir von Dundalk in Richtung Drogheda durch ein flaches Bauernland mit vereinzelten Hügeln. Kurz vor der wenig verlockenden Industriestadt Drogheda biegen wir nach Westen, um auf kleinen Sträßchen das Tal des Boyne River zu erreichen. Schon wenige Kilometer abseits der Hauptstraße entdecken

In der Abenddämmerung entfaltet auch die sonst weniger einladende Industriestadt Drogheda ihren Reiz.

Monasterboice ist neben Clonmacnois und Glendalough die berühmteste Klosterruine Irlands.

Gelehrsamkeit im alten Irland. Hier steht das fast 6 m hohe und über tausend Jahre alte Muiredach Kreuz, für viele das schönste Hochkreuz der Insel, und unter den zahlreichen Klosterruinen ist Monasterboice eine der bekanntesten. Um so überraschter sind wir, als wir dort ankommen: keine Reisebusse, kein Besucherzentrum, keine Touristengruppen. Nur ein kleiner Parkplatz auf dem gerade ein einziges Auto steht; sonst nichts als ländliche Stille, alte Bäume und Vogelgezwitscher. Genau die richtige Atmosphäre, um dieses frühchristliche Monument ungestört auf sich wirken zu lassen.

wir die Klosterruine von Monasterboice mit ihren Hochkreuzen und dem schlanken Rundturm. Neben Clonmacnois und Glendalough war das um 500 gegründete Kloster das wichtigste Zentrum mönchischer

Bei den nahegelegenen aber viel jüngeren Ruinen der Mellifont Abbey hingegen kommt gerade eine Reisegruppe an, was aber auch seinen Vorteil hat, denn so gelangen wir in den Genuß einer erstklassigen Führung, die das alte Gemäuer lebendig werden läßt, während wir bei einem Rundgang auf eigene Faust nicht viel mehr als alte Fundamente gesehen hätten.

Mellifont Abbey

Gegründet wurde Mellifont Anfang des 12. Jahrhunderts, zu einer Zeit, als die meisten Klöster sich weit von ihren ursprünglichen Ideen entfernt hatten und die Reformbewegung der strengen Zisterzienser daher begeisterte Anhänger fand. Mönche aus Frankreich bauten das Kloster zusammen mit einigen irischen Brüdern auf. Dem Gemüt der Iren allerdings lagen die gestrengen Regeln gar nicht. Sie ließen lieber einmal fünfe gerade sein, so daß es wiederholt zu Konflikten mit dem Mutterorden kam. Zu den am besten erhaltenen Teilen des einstigen Klosters gehört das achteckige Waschhaus (Lavabo), ein auffällig schöner und kunstvoller Bau aus behauenem Sandstein. Warum gerade das Waschhaus so aufwendig gestaltet wurde, mag man sich fragen. Vielleicht des Klosternamens wegen, denn Mellifont bedeutet »Honigquelle«.

Das neolithische Ganggrab von New Grange ist der imposanteste und bekannteste Riesen-Cairn Irlands.

Wieder um viele Jahrtausende zurück springen wir auf dem kurzen Weg zum neolithischen Ganggrab von New Grange. Dort ist es mit der Stille endgültig vorbei. Busse und Personenwagen verstopfen das enge Sträßchen, denn obwohl New Grange zu den meistbesuchten Hauptattraktionen Irlands gehört, gibt es hier keinen richtigen Parkplatz.

Das Steinrund mit einem Durchmesser von 90 m und einer Höhe von immerhin noch 13 m beeindruckt durch seine weiß leuchtende und wuchtig ausladende Front mit dunklen Ziersteinen – und natürlich durch sein unvorstellbares Alter von mehr 5000 Jahren. Das bedeutet: dieses Grabmal war schon alt, als die ägyptischen Pyramiden errichtet wurden! Sein heutiges Äußeres verdankt es allerdings einer auf gründlichen Forschungen basierenden Restaurierung Ende der siebziger Jahre.

Zurück in die Steinzeit: New Grange

Ein Ring von fast hundert gewaltigen, 4-5 m langen Monolithen entlang der Basis hält den Rundbau von New Grange zusammen und verhindert, daß er wie eine weiche Torte auseinanderläuft. Sie sind verziert mit geheimnisvollen Doppelspiralen, Wellenlinien und anderen Rillenmustern. Stellenweise kaum einen halben Meter breit und nur 1,50 m hoch führt ein Gang 20 m tief ins Innere des Hügels hinein. Die Decke der von drei Seitenräumen umgebenen Kammer bildet ein Gewölbe aus riesigen Steinblöcken, das auch nach 5000 Jahren den irischen Regen noch zuverlässig abhält. Daß die steinzeitlichen Baumeister nicht nur gewaltige technische Leistungen vollbracht haben, sondern auch über beachtliche astronomische Kenntnisse verfügten, beweist ein Lichtschacht über dem Eingang, durch den genau am 21 Dezember, dem Tag der Wintersonnwende, das Licht der Sonne kurz nach ihrem Aufgang bis in die innere Kammer dringt und sie hell erleuchtet. Dieser Termin ist natürlich auf Jahre ausgebucht, aber bei den Besichtigungen wird das Schauspiel mit einer Lampe simuliert. Ängstliche Gemüter seien allerdings gewarnt: zuvor wird es für eine Weile zappenduster im Inneren des riesigen Steinhaufens!

New Grange ist der bekannteste aber längst nicht der einzige Riesen-Cairn im Tal des Boyne River. Ganz in der Nähe liegen die Ganggräber von Knowth und Dowth, in denen die Forscher noch am Werk sind. Viele andere sind im Laufe der Jahrhunderte zerstört worden, weil man sie als Steinbrüche für den Bau von Burgen und Kirchen nutzte. Übrigens ist auch New Grange nur deshalb erhalten geblieben, weil man beim Steineplündern gleich zu Beginn auf den von mysteriösen Symbolen bedeckten Eingangsstein stieß.

Tara: legendärer Sitz der Hochkönige

Etwas weiter südöstlich erhebt sich der legendäre Hügel von Tara, einst Sitz der Hochkönige, Nabel der keltischen Welt und bis heute ein mythenschwerer Kristallisationspunkt irischen Nationalbewußtseins. Schon in dunkler Vorzeit war der Hügel eine religiöse Kultstätte und Zentrum einer theokratischen Herrscherkaste. Ein steinzeitliches Ganggrab ähnlich dem von New Grange wur-

de hier ausgegraben und mehrere Ringforts aus der Eisenzeit. Viel zu sehen gibt es auf dem kahlen Hügel allerdings nicht mehr. Nur Erdwälle und Gräben. Man muß schon einige Kenntnisse und Vorstellungskraft mitbringen, um in der einst 200 x 30 m großen Banketthalle die rauschenden Gelage mit mehr als tausend Gästen lebendig werden zu lassen. Krieger der Fianna, Dichter und Druiden, Goldschmiede und Geschichtsschreiber, Barden und Baumeister, Zauberer, Wahrsager und Heilkundige versammelten sich dort zu einer großen Tischrunde, die als Vorbild für die Sage von der Artus-Runde gedient haben soll.

Im weiten Weideland rings um Dublin verstreut liegt eine Fülle weiterer bedeutungsschwerer Ruinen, die der historisch Interessierte auf einer kreuz und quer führenden Odyssee besuchen kann. Nirgends in Irland sind Burgen und Schlösser, Klosterruinen und Kirchen, prähistorische Monumente und historische Stätten dichter konzentriert als hier. Da sind zum Beispiel Trim mit der besterhaltenen Normannenfestung Irlands und Kells mit seinen frühchristlichen Ruinen und Hochkreuzen, dem 30 m hohen Rundturm und einer Faksimile-Ausgabe des reich illustrierten »Book of Kells«. Da ist das Schlachtfeld von Boyne, auf dem 1690 Jakob II. dem protestantischen Wilhelm von Oranien unterlag (ein Ereignis an das bis heute die Umzüge des Oranierordens in Nordirland erinnern). Da ist das Straßendörfchen Slane mit seinen Burg- und Klosterruinen, und da sind Dutzende weiterer Ruinen, die in keinem Reiseführer beschrieben werden, teils in verwilderten Parks verborgen und vom Efeu erstickt. Eine Herausforderung für Entdeckernaturen mit Jagdinstinkt.

Wohnmobil als Strandbungalow

Unser Bedarf an Ruinen ist gedeckt. Satt von vielen Jahrtausenden Geschichte machen wir uns auf den Weg zur Küste mit ihren endlosen Sandstränden. Etwas Sonnen und Faulenzen haben wir uns verdient. Bei Balbriggan zweigt die Küstenstraße nach Rush und Skerries ab, und wir müssen nicht lange suchen, um eine Strandzufahrt zu finden. Direkt über die endlose Sandfläche rollen wir mit unserem mobilen Bungalow dahin wie durch die Salzwüsten Utahs. Weit draußen branden die schäumenden Wogen heran. Noch immer ist es sonnig, aber eine frische Brise weht vom Meer herein. Unseren Strandspaziergang beendet abrupt die rasch einsetzende Flut, die hinter uns bereits einige Rinnen mit Wasser gefüllt hat. Und als der Wind die Tassen vom Tisch fegt, wird auch unser privates Strandcafé eilends geschlossen. Wir klappen Tisch und Stühle zusammen und flüchten in den Windschutz unserer rollenden Strandburg. Jetzt kann es pfeifen und rütteln wie es will. Unbehelligt können wir die wogende Brandung und das Strandleben beobachten. Draußen hüpfen Motorboote durch die Wellen und ein Strandsegler rauscht vorüber. Die Badegäste lassen sich an einer Hand abzählen.

Ich studiere die Landkarte und suche einen geeigneten Campingplatz, denn am nächsten Tag wollen wir Dublin besichtigen. Aber uns mit dem Wohnmobil in das Verkehrsgewühl der Großstadt stürzen, um womöglich Ewigkeiten entnervt nach einem Parkplatz zu suchen – nein, das wollen wir nicht. Lieber richten wir uns auf einem Campingplatz außerhalb der Big City häuslich ein und nehmen den Bus. Ideal erscheint uns das nahegelegene Rush, wo wir unseren Adriatik auf einer Wiesenfläche direkt über dem Strand abstellen können. Ein freundlicher Herr weist uns ein und gibt nützliche Tips. Auch ein preis-

günstiges Busticket für das gesamte Netz von Dublin und Umgebung bekommen wir bei ihm. Na prima. So hatten wir uns das vorgestellt.

Dublins Fair City

Endlich einmal nicht hinter dem Lenkrad, sondern ganz vorn auf dem oberen Deck eines Stadtbusses, genieße ich die Fahrt ins Zen-

Die O'Connell Brücke über den River Liffey liegt im Herzen von Dublin, der quirligen Hauptstadt Irlands.

Straßenmaler, Musikanten und Frauen mit mobilen Verkaufsständen aus Kinderwagen beleben das Stadtbild.

trum der »Fair City« gleich doppelt. Dann stecken wir im Trubel der Großstadt. Die Fußgängerzone entlang der Abbey Street gefällt uns. Hier herrscht ein buntes Leben ohne Verkehrslärm und Hektik. Ein Busker (Straßenmusiker) mit buntem Pullover bläst die Tin Whistle. Wenig weiter ertönt eine kratzige Whiskeystimme zu Gitarreklängen. Findige Frauen haben alte Kinderwagen zu mobilen Verkaufsständen umfunktioniert und bieten lauthals »Fresh Irish Strawberries!« an. Lässig auf seinen Stock gestützt, den Hut schräg übers Ohr gezogen, lehnt James Joyce in Bronze gegossen auf seinem flachen Sockel, als würde er ebenfalls durch die Straßen bummeln. Ein alter Mann hält mitten im Treiben an einer Stange ein buntes Holzschild in die Höhe, das als werbender Wegweiser ein nahegelegenes Restaurant empfiehlt. Eine lebende Litfaßsäule. Arbeitsbeschaffung auf irisch. Ich will ihn fotografieren, lasse aber die Kamera wieder sinken. Als ich seine trostlos-traurigen Augen sehe, wird mir das Beschämende der Situation bewußt.

In seinem abgewetzten Mantel steht er peinlich berührt zwischen den Passanten der vornehmen Einkaufsstraße. Die Holzstange ist in Wirklichkeit ein Pranger.

In der Moor Street ist Markt. Obst und Gemüse werden angeboten, und ein Meer von Blumensträußen leuchtet in der Sonne – so bunt als wären sie frisch lackiert. Zwischen Birnen und Bananenkisten steht ein Pferdefuhrwerk, auf dem sich Gemüseschachteln türmen. Davor ein scheckiges Roß mit dem typisch langen, mähnenartigen Fell an den Fesseln, das bis über die Hufe reicht

Markt in der Moore Street mit einem Meer von Obst, Gemüse und farbenprächtigen Blumensträußen.

und bei jedem Schritt wie lustige Fransen um die Beine schlenkert. Seelenruhig frißt es matschige Bananen aus einem Pappkarton.

Weniger idyllisch geht es an den breiten Uferstraßen des Liffey her. Hier gefällt uns Dublin nicht. Wirres Gehupe, Lastwagen donnern vorüber, daß man erschrickt und sein eigenes Wort nicht versteht. Ein Pub wird mit frischem Guinness versorgt; dröhnend rollen die Stahlfässer über das Pflaster. Den Liffey herunter kommt allerlei Unrat geschwom-

Die St. Patricks Kathedrale hat keine Krypta, da direkt unter ihr der River Poddle fließt.

Die Old Library des Trinity College besitzt fast 3 Millionen Bücher, darunter das berühmte Book of Kells.

Zwischen Staubfahnen und vorüberwehenden Plastiktüten leuchten als kleiner Trost bunt bemalte Pubfassaden hervor. »Inn on the Liffey«, nennt sich die eine, »OUT on the Liffey« hält ein paar Türen weiter das Namensschild der Konkurrenz dagegen.

Dublin ist nicht Irland

In einer schmuddeligen aber ruhigeren Seitengasse essen wir Fisch und Chips – fettig und fad. Das Lokal ist entsprechend. Wortkarg, müde und mit bitterem Gesicht schlurft die Bedienung vorüber. Hier also haben die amerikanischen Fast Food Restaurants ihre Wurzeln. Immer wieder habe ich in den letzten Wochen über amerikanisch anmutende Details des irischen Lebens gewundert, bis ich plötzlich verstand: die Iren haben das Gesicht Amerikas geprägt. Vieles, was wir für typisch amerikanisch halten, hat seinen Ursprung tatsächlich in Irland.

Auf der Halfpenny Bridge, einer Fußgängerbrücke benannt nach dem früher erhobenen Brückenzoll, überqueren wir den Liffey. Auch das

men. Kein Treibgut der Geschichte wie in Bölls »Niemandsland zwischen Traum und Erinnerung«, sondern übelriechender Müll. Das ist das Herz Dublins; aber mit dem Irland, wie wir es bisher kennengelernt haben, hat es nicht viel gemein.

Die besondere Atmosphäre irischer Pubs ist auf der ganzen Welt berühmt.

lebensgroß und drall. Von fotografierenden Touristen umlagert schaut sie gar nicht glücklich drein. Vor sich schiebt sie ihren Karren mit den »Cockles and Mussels«, aber auch sonst hat sie allerhand in ihrer offenherzigen Auslage. »The tart with the cart«, nennen Dublins Bewohner die Statue, »die Nutte mit der Karre«, katholisch und sittenstreng wie sie nun mal sind. Der junge Mann, der heute morgen im Bus neben uns saß und offensichtlich sturzbetrunken war, hat jedesmal den schweren Kopf hochgerissen und sich bekreuzigt, wenn wir an einer Kirche vorüberfuhren.

Irgendwann verlaufen wir uns in eines der slumartigen Armenviertel,

angeblich so lebensfrohe Kneipenviertel Temple Bar enttäuscht uns. Pittoreske Pubfassaden hie und da, ein paar knallige Graffitis, aber dazwischen graue Häuser, öde Gassen, fast menschenleer, aufgestapelte Bierfässer und Hinterhof-Atmosphäre. Vergeblich suchen wir nach so etwas wie einem pulsierenden Herz. Vielleicht sind wir ja nur zur falschen Tageszeit hier?

Am Eingang zur Grafton Street, der Haupteinkaufsstraße Dublins, steht plötzlich Molly Malone vor uns,

In vielen irischen Pubs wird auch heute noch abends Folk Music gespielt.

Im Bogen um die Big City

Molly Malone, lebensgroß und drall, hat mehr als »Cockles and Mussels« in ihrer Auslage.

Gleich südlich der Hauptstadt erheben sich die Wicklow Berge, beliebtes Ausflugsziel der Dubliner und das schönste Wandergebiet im Osten der Insel. Zwischen uns und diesem Naturparadies liegt jedoch die große Stadt mit ihrem chaotischen Verkehr. Eine brauchbare Umgehung kennt unsere Karte nicht. Also fragen wir den hilfreichen Betreuer des Campingplatzes um Rat. Er hat eine gute Nachricht: Ende '96 ist die Ringautobahn fertiggestellt worden. Gerade rechtzeitig für uns.

Gute gelaunt steuern wir im Morgenlicht um die Hauptstadt herum und über Brittas und Kilbride in eine unbesiedelte Bergwelt hinein. An den Wochenenden soll auf den schmalen Sträßchen reger Ausflugsverkehr herrschen, heute jedoch begegnet uns kaum ein Auto. Und das obwohl noch immer hartnäckig die Sonne scheint. Zwölf Tage ständig blauer Himmel, 200 Stunden Sonnenschein. Allmählich ist uns das nicht mehr geheuer. Die beiden Angler von Horn Head sind sicher längst unverrichteter Dinge nach Hause geflogen. Und auch wir beginnen klammheimlich auf »schlechtes« Wetter zu hoffen, um noch ein paar Wolkenfotos zu bekommen. Bei all den Sonnenscheinbildern glaubt uns sonst kein Mensch, daß wir in Irland waren.

die gar nicht weit von den teuren Einkaufsstraßen entfernt sind. Dreck und Drogenprobleme. »Abhängige wir helfen euch! Dealer wir kriegen euch!«, hat jemand an die Backsteinmauer gesprüht. Über die Dächer ragen höhnisch die weißen Prachtkuppeln von Hauptzollamt und des Gerichtshof empor. In ihrem Schatten wachsen Armut und Kriminalität. Kein Viertel für Touristen!

Müde fahren wir mit dem Bus zurück und mit der Überzeugung, daß Dublin nicht Irland ist. Interessant und sehenswert, wenn man große Städte mag, aber nicht unbedingt das, was man schön nennen würde.

Durch die Wicklow Mountains

An einem malerischen Bergbach entlang fahren wir zwischen braun und purpurn gefleckten Moor- und Heidehängen hinauf in die Berge. Viel zu schnell ist die Paßhöhe Sally Gap erreicht. Eine wehmütige Abschiedsstimmung macht sich breit. Unsere letzten Tage auf der Grünen Insel liegen vor uns. Als könnten wir die Zeit dadurch verlängern, fahren wir kreuz und quer durch die waldigen Täler und über karge Hochflächen, bis wir praktisch jeden Kilometer der wenigen Straßen durch die Wicklow Berge abgefahren haben. Zunächst geht es am Lough Tay vorüber. Dunkel und geheimnisvoll liegt er unter uns in einem steilen Felsental; die perfekte Kulisse für den Film »Excalibur«, der dort gedreht wurde. Am Osthang der Berge entlang erreichen wir die prachtvollen Anlagen von Powerscourt bei Enniskerry, wo wir die blühenden Gärten und den weiten Blick auf den Kegel des Sugarloaf Mountain genießen. Dann schwenken wir nach Westen wieder in die Berge hinauf und folgen der Kammstraße in Richtung Süden. Sie wurde um 1800 als Militärstraße gebaut, um Räuberbanden und Rebellen in den Griff zu bekommen, die in den entlegenen Hochtälern und Mooren ihre Schlupfwinkel hatten. Mit herrlichen Ausblicken über endlose Hänge voller Heidekraut und

Auf kleinen Holpersträßchen kurven wir kreuz und quer durch die weite Heidelandschaft der Wicklow Berge. (Foto: Rainer Höh)

Binsen schlängelt sich das Holpersträßchen durch das Hochland und
dann an einem Wasserfall vorüber
hinunter nach Laragh, wo wir uns im
Laden der Tankstelle mit einigen frischen Lebensmitteln eindecken
und im Pub mit einer Ration Guinness.

Im geheimnisvollen Tal der zwei Seen

Am Abend kommen wir nach Glendalough und steuern gleich den
Parkplatz am oberen See an, der
zwar einen Spaziergang weit von
den Klosterruinen entfernt ist, aber
dafür ruhiger und schöner gelegen.
Versteckt zwischen den Bergen und
zwei idyllischen Seen hat hier der
Heilige Kevin vor über 1400 Jahren
als Einsiedler gelebt und ein Kloster
gegründet, das sich zu einem geist-
lichen Zentrum mit mehr als tausend
Mönchen entwickelte. Bis ins 13.
Jahrhundert hat die Klosterstadt
überdauerte. Dann eroberte die
Natur das Tal zurück und überwucherte die Ruinen mit Efeu, bis vor
gut 150 Jahren die enthusiastischen
Schilderung in einem Irland-Reise-
führer das »Tal der zwei Seen« aus
seinem Dornröschenschlaf erweck-
ten und es zu einem beliebten Ausflugsziel machten.

Kurz vor Sonnenuntergang spazieren wir am Ufer des Lower Lake
entlang zu den Klosterruinen. Die
Besucherscharen sind verschwunden. Lichtbündel der tiefstehenden

*Glendalough im geheimnisvollen
Tal der zwei Seen ist fraglos die am
schönsten gelegene Klosterruine.*

Sonne tasten zaghaft zwischen den
alten Bäumen hindurch, und eine
geheimnisvolle, fast gespenstische
Lichtstimmung liegt über den Mauern und schiefen Grabsteinen. Tiefe
Schatten und gleißendes Gegen-
licht. Dunstschleier zwischen Strauch-
werk und Keltenkreuzen. Tanzende
Lichtflecke im hohen, lichtdurchflu-
teten Gras und dahinter eine düstere Bergwand. Morgen, sobald die
ersten Reisebusse auf den Parkplatz
rollen, wird der Zauber verflogen
sein.

Schweigend spazieren wir zum Upper Lake zurück, setzen uns ans Ufer und blicken über die von hohen Bergen gesäumte Wasserfläche hinaus. Die Sonne ist verschwunden, schwarz stehen die Waldhänge über dem silbrigen See und eine melancholische Stimmung senkt sich über das Tal von Glendalough. Aber eine fast heitere Melancholie, hinter der ein heller Morgen dämmert. Nicht weichlich und klagend, sondern beseelt von einer inneren Kraft und Zuversicht – wie die Lieder der irischen Folklore, in denen sich diese Landschaft widerspiegelt.

Zurück zur Küste: der Kreis schließt sich

Durch das stille Avoca Tal und den urwüchsigen Avondale Forest Park fahren wir weiter nach Süden, während erste Wolken aufziehen und sich immer dunkler ballen. Unser »blaues Wetterwunder« scheint vorüber zu sein. Bei Arklow erreichen wir die Küste. Aber nein, noch wollen wir nicht zurück zum Ausgangspunkt unserer Reise. Lieber noch einmal ein Abstecher nach Norden. An der Dünenküste von Brittas Bay entlang fahren wir nach Wicklow und spazieren noch ein letztes Mal durch ei-

nen dieser einzigartigen irischen Gärten. Die Mount Usher Gardens sind es, die uns diesmal überraschen. Völlig anders als die Anlagen von Powerscourt. Keine regelmäßigen Rabatten, keine strengen Linien, keine Statuen, sondern eine romantisch verwilderte Parklandschaft. Ein leichter Nieselregen fällt aus dem düsteren Himmel und verstärkt die Urwaldatmosphäre ins Phantastische. Die wenigen Besucher sitzen jetzt alle droben in der Teestube. Völlig allein streifen wir durch das tropfende Gewucher, am Bach entlang und über eine Hängebrücke. *Das* ist Irland.

Aus dem Nieseln wird ein Wolkenbruch, während wir nun endgültig nach Süden steuern. Eine Regenwand um die andere fegen die Sturmböen heran. Weiße Wasserwände, die gegen die Scheiben

Von den prachtvollen Powerscourt Gardens am Rand der Wicklow Berge blickt man auf den Great Sugarloaf.

klatschen, in Strömen herunterlaufen und die Straße überschwemmen. Schwarze Wolken rennen gegen die Wicklowberge und Nebelfetzen wirbeln über den Tälern empor. Es gießt erbarmungslos, als wolle es nie wieder aufhören. Und wir – wir freuen uns gar noch über dieses »Sauwetter«!

Der 121 m hohe Powerscourt Wasserfall ist der höchste Wasserfall Irlands – und kostet Eintritt.

Bei Gorey zweigen wir von der Hauptstraße ab, um der Küste zu folgen. An alten Reethäusern vorüber, deren Dächer vor Nässe triefen, geht es durch eine hügelige Weidelandschaft. Die Scheibenwischer schlegeln im Schnellgang, um die Sintflut zu teilen, und die Sturmböen werden immer heftiger. Der geplante Strand- und Badetag zum Abschluß unserer Rundreise wird wohl gründlich ins Wasser fallen!

Dafür unternehmen wir während einer Regenpause (die scheint es auf Irland immer zu geben) einen Bummel durch Wexford und besuchen noch einmal unseren ersten Stellplatz an der Bucht von Lady's Island. Das Sträßchen dorthin kommt uns jetzt viel breiter vor, nachdem wir so viele noch schmalere Wege gefahren sind. Die Möwen und Sturmvögel segeln wie vor Wochen und auch das Rotkehlchen ist noch da. Oder wieder? Fast kommt es uns so vor, als habe es uns auf der gesamten Rundreise begleitet. Überall ist es aufgetaucht, wie ein guter Geist, und stets kam es so nahe herangehüpft, daß wir über seine Furchtlosigkeit staunten.

Vogelbeobachtung und drohender Dammbruch

Den Nachmittag verbringen wir im flachen Marschland der Wexford Wildfowl Reserve, das durch einen hohen Deich gegen das offene

Wenn man heute in Irland einem Tinkerwagen begegnet, so kann man sicher sein, daß ein Tourist der Kutscher ist.

Meer abgeschirmt ist. In bunte Regenjacken gehüllt stapfen wir durch das Polderland und können verschiedene Gänse- und Entenarten aus nächster Nähe beobachten. Ihr wasserdicht gefettetes Gefieder sieht aus als wäre es von tausend glitzernden Glasperlen besetzt.

Mit Ferngläsern, einer Thermoskanne Kaffee und Keksen bewaffnet klettern wir in eines der Beobachtungshäuschen. Dort können wir vor Wind und Regen geschützt durch ein kleines Guckfenster das Marschland und seine Vogelwelt beobachten. Im Windschutz des Deiches wollen wir unsere letzte Nacht auf der Insel verbringen. Als

aber zwischen den dunkeln Wolkenbergen die Sonne hervorbricht und wir uns zu einem Abendspaziergang entschließen, besinnen wir uns rasch eines besseren. Auf dem Deich angelangt, fegt uns der Sturm fast von den Beinen und beim Blick auf das Meer trifft uns beinahe der Schlag. Inzwischen ist die Flut gekommen und heftige Böen treiben das Wasser mächtig in die Bucht

Nächste Seite: An den langen Sandstränden der Südostküste erstrecken sich malerische Dünenlandschaften.

herein. Die silbrig glänzenden Fluten haben schon fast den Rand des schützenden Walls erreicht. Sie stehen jetzt mehrere Meter höher als das Dach unseres Wohnmobils! Und die an der Mauer emporklatschenden Wogen lecken schon über die Deichkrone hinweg.

Unmöglich, meine Frau jetzt noch zum Bleiben zu überreden, selbst wenn ich den Blarney Stein noch so sehr geküßt hätte. »Du wirst doch nicht im ernst hier übernachten wollen!«, stößt sie hervor. »Nichts wie weg!«.

Da ist jedes »Ach was« vergebens, und so fahren wir durch den Sturm zurück nach Wexford, wo das Wasser ebenfalls schon den Rand der Uferstraße erreicht hat. Auf der anderen Seite der Bucht finden wir bei Rosslare einen Vertrauen erweckenden Parkplatz hinter einem Dünenwall. Von hier sieht man schon hinüber nach Rosslare Harbour, wo in der Abenddämmerung bereits die »St Killan« im Hafen liegt. Abschied von der Grünen Insel. Und da ist sie wieder, diese »heitere Melancholie« von Glendalough. Wir sind glücklich, hiergewesen zu sein, traurig, abreisen zu müssen und voller Zuversicht auf den »hellen Morgen«. Denn wir wissen, daß wir nur einen Bruchteil der Schönheiten dieser Insel gesehen haben. Überall haben wir Ungesehenes und Unentdecktes zurückgelassen. Eine lange Perlenkette guter Gründe, Irland bald einmal wieder zu besuchen!

Kleine Strandseen hinter den Sanddünen von Kilmuckridge schimmern im Abendlicht.

Strecke

Dundalk-Drogheda
(35 km)
Rundfahrt Monasterboice-
Mellifont-New Grange
(ca. 25 km)
Drogheda-Skerries-Rush-Dublin
(ca. 56 km)
Dublin-Brittas-Sally Gap-Enniskerry-
Sally Gap-Laragh-Glendalough
(ca. 115)
Glendalough-Wicklow Gap-
Blessington-Hollywood-Laragh
(ca. 72 km)
Laragh-Arklow
(ca. 32 km)
Rundfahrt Arklow-Brittas Bay-
Wicklow-Mt. Usher Gardens-Arklow
(ca. 65 km)
Arklow-Gorey-Kilmuckridge-Wexford
(ca. 70 km)
Wexford-Rosslare Harbour
(20 km)

Streckenlänge

Gesamtfahrtstrecke mit Abstechern:
ca. 490 km; Direktroute Dublin-Arklow-
Wexford-Rosslare Harbour 153 km

Straßenzustand

N1 Newry-Dublin meist breit und gut;
die Abstecher nach Monasterboice,
New Grange und Mellifont oft sehr
eng, kurvig und nicht besonders gut
beschildert. Dublin: der Autobahn-
ring »Westlink« ist bis Tallaght fertig
und als Umführung trotz Mautbrücke
sehr zu empfehlen. Die Straßen in
den Wicklows sind schmal, kurvig und
nicht immer im besten Zustand, aber
problemlos. Zu den Powerscourt Gardens beim Schild »Powerscourt Esta-
te« abzweigen. Die Zufahrt Glendalough Upper Lake eine kurze
Strecke sehr schmal, Laragh-Arklow
schmal, teils sehr kurvig und unübersichtlich. Arklow-Wicklow und Arklow-
Wexford: N11 gut, Küstenroute
schmal aber problemlos.

Campingplätze

Bettystown: Bettystown C&C Park**
(unmittelbar nördlich des Orts),
Ostern-Sept. An einem schönen und
sicheren Sandstrand
Rush: North Beach** (von Skerries
kommend vor Erreichen der Haupt-
straße von Rush links ab), ganzjährig.
Schöner Strandblick, freundlicher,
mehrsprachiger Betreuer; ideal für
Ausflüge nach Dublin, Stadtbus-Hal-
testelle nur wenige Minuten entfernt,
ohne Umsteigen bis ins Zentrum
Roundwood: Roundwood C&C
Park**** (an der R755), 28.03.-30.09.
Sehr schöner Platz in den Wicklow
Mountains und in Seenähe
Rathdrum: Avonmore Riverside**
(R755 von Laragh oder R752 von
Arklow), März-Okt. Am Avonmore
River mit eigenem See
Redcross: Johnsons**** (N11 von
Arklow nach Norden, nach ca. 13 km
bei Lil Doyles Pub links, 1,5 km weiter
bis zum Park rechts der Straße),
14.03.-28.09. Ruhiger Platz mit Pool

Poulshone bei Courtown: Poulshone Caravan Park*** (bei Gorey R642 nach Courtown, ab dort über Riverchapel beschildert), Ostern–30.Sept. Ruhiger Platz nahe sicherem Sandstrand

Kilmuckridge: Morriscastle Strand**** (von Kilmuckridge in Richtung Morriscastle Strand, am Ende der Straße links den Hang hinauf), 03.05.–28.09. Endloser Sandstrand, ideal für Familien

Wexford/Rosslare: s. Info »Südosten«

Park- und Rastplätze

Monasterboice: kleiner Parkplatz in schöner Lage, abends ruhig und idyllisch

New Grange: sehr begrenzte Parkmöglichkeiten und viel Trubel

Skerries: Parkmöglichkeiten direkt am Sandstrand (Vorsicht bei Flut)

Kilbride-Sally Gap: einige kleine aber wunderschöne Parkmöglichkeiten am Ufer eines Bergbaches

Lough Tay: größerer Parkplatz am Waldrand hoch über dem See aber ohne direkten Seeblick; weiterer Parkplatz kurz danach auf der Anhöhe

Richtung Enniskerry: an der kleinen Parallelstraße zur R755 eine ganze Reihe sehr schöner Park- und Picknickplätze am Waldrand mit Blick auf den Sugarloaf Mountain

Powerscourt: großer Parkplatz aber mit gesalzener Gebühr und viel Trubel; nicht empfehlenswert

»Militärstraße«: zwischen Lough Bray, Sally Gap und Laragh eine ganze Reihe teils sehr kleiner aber herrlich gelegener Plätze in wunderschöner Berglandschaft mit weitem Ausblick

Glendalough: zwei sehr schön gelegene, gebührenpflichtige Parkplätze (£!), besonders schön ist der über ein schmales Sträßchen zu erreichende Platz am oberen See)

Wicklow Gap: schön gelegener Parkplatz auf der Paßhöhe

Avondale Forest Park: Waldparkplatz am Flußufer

Brittas Bay: zwei riesige gebührenpflichtige Parkplätze hinter den Dünen

Arklow-Wexford: kaum geeignete Parkmöglichkeiten; einen Platz hinter den Dünen findet man, wenn man von Kilmuckridge zur Küste fährt

Wexford: Besucherparkplatz am Heritage Park; viel schöner und ruhiger sind die Parkplätze der Wildfowl Reserve auf der anderen Seite des Wexford Harbour

Sehenswert

Boyne Valley: Monasterboice (jederzeit ohne Eintritt zugänglich), Mellifont (Mai–Mitte Juni Di–Sa 10–13 und 14–17.30 Uhr, So 14–17.30 Uhr, Mitte Juni–Mitte Okt. tägl. 10–18 Uhr; im Winter jederzeit ohne Eintritt); New Grange (tägl. 10–18 Uhr Sommer bis 19 Uhr, Winter bis 16.30 Uhr; Eintritt mit Führung DM 7,50; oft längere Wartezeiten), Tara (Gelände jederzeit ohne

Eintritt; Besucherzentrum April-Nov. tägl.)

Dublin: Fußgängerzone Abbey Street und Moor Street Markt; Trinity College mit Old Library (Mo-Sa 9.30-17 Uhr, So 12-17 Uhr); Nationalmuseum und Naturgeschichtemuseum (Di-Sa 10-17 Uhr, So 14-17 Uhr, Eintritt frei); National Gallery (tägl. 10-17.30 Uhr, Do bis 21 Uhr, so nur 14-17 Uhr, Eintritt frei); Dublin Castle (Mo-Fr 10-12, 14-17 Uhr, Sa/So 14-17 Uhr), St.Patricks Kathedrale, Dublinia (Mittelaltershow im alten Bischofspalast, April-Sept. tägl. 10-17 Uhr, sonst Mo-Sa 11-16 und So 10-16.30 Uhr, DM 10.-); Guinness Brauerei (Mo-Fr 10-15.30 Uhr), Writers Museum (Mo-Sa 10-17 Uhr, so 13-17 Uhr), Maritimmuseum in Dun Laoghaire (Mai-Sept. Di-So 14.30-17.30 Uhr, April, Okt./Nov. Sa/So 14.30-17.30 Uhr)

Enniskerry: Powerscourt Gardens (März-Okt. tägl. 9.30-17.30), Wasserfall (tägl. 9.30-19 Uhr, Eintritt DM 4!)

Glendalough: Ruinen jederzeit frei zugänglich, Visitor Centre neben dem Glendalough Hotel (Juli/Aug. tägl., sonst Mo geschl.)

Arklow: Maritimmuseum

Wicklow: Mt.Usher Gardens (Mitte März-Okt. Mo-Sa 10.30-18 Uhr, So 11-18 Uhr)

Wexford: Wildfowl Reserve (Visitor Centre Okt-April tägl. 10-17 Uhr, sonst 9-18 Uhr, Eintritt frei; weitere Sehenswürdigkeiten s. Info Südwesten)

Information

Irische Fremdenverkehrszentrale,
Unternmainanlage 7, 60329 Frankfurt.
Tel. 069/23341, Fax 069/234626

Nordirische Fremdenverkehrszentrale, Taunusstraße 52-60, 60329
Frankfurt. Tel. 069/234504, Fax
069/233480

Botschaften

In Irland:

Deutsche Botschaft:
31 Trimlestone Avenue, Booterstown,
Co. Dublin, Tel. (01)269 4577

Österreichische Botschaft:
15 Ailesbury Court, 93 Ailesbury Road,
Ballsbridge, Dublin 4, Tel. (01) 269 4577

Schweizer Botschaft:
6 Ailesbury Road, Ballsbridge,
Dublin 4, Tel. (01) 269 2515

Irische Botschaften:
Deutschland: Godesberger Allee
119, 53175 Bonn, Tel. 0228/959290
Österreich: Hilton Center, 16. Etage,
Landstrasser Hauptstraße 2,
1030 Wien, Tel. 01/715 4246
Schweiz: Kirchenfeldstr. 68, 3005 Bern,
Tel. 031/352 1442

Fährverbindungen

Sie haben die Wahl zwischen Direkt-
Fähren von Frankreich nach Südirland
und Landbridge-Fähren via Großbritannien mit wesentlich kürzeren Fahr-
zeiten. Erstere bieten die Möglichkeit
nichts überzusetzen und so einen Rei-
setag einzusparen, letztere sind nicht
unbedingt viel billiger, aber jenen zu
empfehlen, denen es vor langen
Schiffahrten graust. Wir haben stets die
Direktfähren genommen und dabei
sowohl erstaunlich ruhige als auch
sehr rauhe Überfahrten erlebt. Interessant ist auch die von Irish Ferries in Zu-
sammenarbeit mit P&O Ferries gebo-

tene Möglichkeit, Direktfähre und
Landbridge für Hin- und Rückreise zu
kombinieren.

Direktfähren bieten nur zwei Gesell-
schaften:
Irish Ferries mit den Routen Le Hav-
re-Rosslare (21 Std), Le Havre-Cork,
Cherbourg-Rosslare, Roscoff-Rosslare
(14 Std), Roscoff-Cork.

Tip: Für Wohnmobile bis 6,50 m Länge
bezahlt man hier den PKW-Tarif ohne
Höhenzuschlag; für längere Fahrzeuge einen Zuschlag von DM 40-80 pro
angefangenem Meter.

Generalvertretungen:
Karl Geuther GmbH, Martinstr. 58,
D-28195 Bremen, Tel. 0421/14970,
Fax 0421/18057
Reisebüro Intropa, Kärntnerstr. 38,
A-1015 Wien, Tel. (01)5151 4212,
Fax (01) 5151 4252
Reisebüro Cosulich, Beckenhofstr. 26,
CH-8035 Zürich, Tel. (01) 3635255,
Fax (01) 3626782

Brittany Ferries mit den Routen Roscoff-Cork (14 Std) und St. Malo-Cork
(18 Std)

Generalvertretung:
DER, Emil-von-Behring-Str. 6,
D-60439 Frankfurt, Tel. 069/95881717,
Fax 069/95881769

Tip: Fahren Sie unbedingt sehr früh-
zeitig los, um auch bei unerwarteten
Staus oder Pannen rechtzeitig ohne
Streß und Hektik am Hafen zu sein.
Fahrzeuge müssen spätestens eine
Stunde vor Ablegen bereitstehen.
Wenn man die Abfahrt verpaßt ist
das Ticket futsch!
Ausführliche Informationen über alle
Fährverbindungen nach Irland fin-
den Sie in der jährlich aktualisierten
Broschüre «Autofahren» der Irischen
Fremdenverkehrszentrale.

Flug/Mietwohnmobil

Wer Angst hat seekrank zu werden, kann von fast allen größeren Flughäfen direkt nach Irland fliegen und mit einem gemieteten Wohnmobil reisen. Die Lufthansa bietet z. Z. Nonstop-Verbindungen nach Dublin von Berlin/Tegel und Hamburg (sa, so), Frankfurt (tägl.), München (fr, sa, so) Köln/Bonn und Stuttgart (so bzw. sa). Ein Hin- und Rückflugticket der Economy Class gab es 1997 bereits ab DM 499,-. Weitere Informationen und Buchungen: Lufthansa-Zentralreservierung, Tel. 01 803 803 803.

Wohnmobil-Vermieter konnten wir allerdings bislang auf der ganzen Insel nur zwei ausfindig machen, je einen in der Republik Irland und in Nordirland: **Cara Rent-a-Car** an den Flughäfen Dublin, Shannon und Knock; Buchungen: Coonagh Cross, Ennis Road, Limerick, Tel. 00353 61 455811, Fax 00353 61 455369

Mindestmietzeit eine Woche, Wochenmiete IR £ 450-830: unbeschränkte Frei-km.

Motorhome Ireland Ltd, 45 Glasdrumman Rd, Ballynahinch, Northern Ireland BT24 8TW, Tel./Fax (44) 01846 638585

(Vermietet nur in Nordirland)

Einreise

Für einen Aufenthalt bis zu drei Monaten genügt ein Personalausweis oder Reisepaß. Es genügt der nationale Führerschein. Die grüne Versicherungskarte ist nicht vorgeschrieben aber empfehlenswert. Ebenfalls empfehlenswert ist eine befristete Vollkasko-Versicherung, da die Deckungssumme der irischen Versicherung relativ niedrig ist. Boote können ohne Formalitäten mitgenommen werden, für Funk-geräte ist eine Genehmigung erforderlich (Radio Section, Dep. of transport, Energy and Communication, 7 Ely Place, Dublin 2). Mobiltelefone funktionieren auf der Insel nicht.

Zoll

Da Irland zur EU gehört, können EU-Mitglieder im Heimatland gekaufte Waren für den Privatbedarf in größeren Mengen einführen; z.B. 800 Zigaretten, 10 l Spirituosen, 50 l Bier. Für Duttfree-Waren und Besucher aus der Schweiz gelten die üblichen Begrenzungen; z.B. 200 Zigaretten, 1 l Spirituosen. Personen unter 17 Jahren dürfen weder Tabak noch Alkoholika einführen.

Haustiere

Haustiere können nicht mitgenommen werden, da eine sechsmonatige Quarantäne verlangt wird.

Geld

Die Währung der Republik ist das irische Punt (IR £) unterteilt in 100 pence (p). In Nordirland gilt das britische Pfund Sterling, das gut 10% mehr wert ist. Trotzdem wurde z.B. bei Touristenattraktionen z.T. auch das irische Punt akzeptiert.

Geldwechsel ist bei allen Banken, in größeren Hotels, bei einigen Postämtern, Reisebüros und Tourist-Informations möglich. Eurochecks, Reiseschecks und gängige Kreditkarten (z.B. Eurocard) werden verbreitet akzeptiert. An EC-Geldautomaten kann man mit der EC-Karte rund um die Uhr Geld abheben. Mit dem Postsparbuch kann man ebenfalls Geld abheben. Die Banken haben gewöhnlich Mo-Fr 10-12.30 und 13.30-15 Uhr geöffnet.

Auf den Straßen

Wie in Großbritannien fährt man in Irland links; trotzdem hat bei gleichberechtigten Kreuzungen rechts Vorfahrt (in Nordirland links). An das Linksfahren gewöhnt man sich rasch; allerdings sollte man in den ersten Tagen größere Städte vielleicht meiden und beim Abbiegen gut aufpassen. Letzteres gilt auch bei der Rückkehr auf den Kontinent!

Es gibt zwar auch gut ausgebaute Fernstraßen (Bezeichnung N+Nummer), die meisten Landstraßen (R+Nummer) sind jedoch recht schmal, kurvenreich und durch Hecken, Steinmauern sowie zahlreiche Kuppen sehr unübersichtlich (aber auch Fernstraßen können überraschend schmal und schlecht bzw. Landstraßen plötzlich erstaunlich gut werden). Außerdem ist stets mit Schlaglöchern, Schafen und Kühen zu rechnen. Was bei uns eine «Bodenwelle» ist, präsentiert sich in Irland als mittlere Sprungschanze. Sie werden buchstäblich fliegen, wenn Sie nicht vom Gas gehen! Sehr viele Häuser auf dem Land sind von einer hohen Mauer umgeben und haben ein Tor direkt auf die Straße – Vorsicht: spielende Kinder! Also: immer **langsam fahren** und den Urlaub genießen. Auf Landstraßen ist für Wohnmobile eine Durchschnittsgeschwindigkeit von 30–40 km/h realistisch. Bloß keine Eile!

Die **Höchstgeschwindigkeit** in Ortschaften beträgt 30 Meilen (48 km/h) auf Landstraßen 55 Meilen (89 km/h) – aber wo man schon so schnell fahren?! Geschwindigkeitsbegrenzungen sind fast immer noch in Meilen angegeben; Entfernungen meist in Kilometern (nur auf älteren Schildern noch in Meilen).
Sonst gelten im wesentlichen die gleichen Vorschriften wie auf dem Kontinent. **Promillegrenze** 0,8 ‰, **Gurtpflicht** auf den Vordersitzen.

Ortsdurchfahrten sind oft bis auf eine 2-m-Lücke zugeparkt. Machen Sie es wie die Iren: Immer cool bleiben und mit dem Gegenverkehr arrangieren. Sie werden staunen, wie prima das funktioniert!

Die **Beschilderung** kann sehr verwirrend sein. Oft gibt es keine Vorwegweiser, manchmal gibt es Vorwegweiser aber dann kein Schild bei der Abzweigung. Gelegentlich ist die Schrift auf den Schildern sehr klein, meist ist sie zweisprachig; in Gaeltacht-Regionen oft nur gälisch (die gälischen Namen können sich erheblich von den englischen unterscheiden!). Außerdem sind irische Wegweiser extrem gesellig; fast immer treten sie in Rudeln von 5–10 Exemplaren auf: Wegweiser zu Orten, zu Sehenswürdigkeiten und B&Bs bunt gemischt (die beiden letzteren Kategorien sind gewöhnlich braun) – so daß man anhalten muß, wenn man alle studieren will. Notfalls kann man das ruhig tun (Blinker setzen). Die Iren sind geduldige Autofahrer.
Andererseits sollte man höflicherweise jede Gelegenheit nutzen, um den **rückwärtigen Verkehr** passieren zu lassen. Auf den schmalen Sträßchen ist es oft unmöglich, ein Womo zu überholen, dessen Fahrer keine Rücksicht nimmt. Fernstraßen haben oft einen breiten Randstreifen, auf den man ausweichen kann, um andere überholen zu lassen. Aber Vorsicht: dieser Streifen kann hinter der nächsten Biegung enden, ein Riesenschlagloch aufweisen oder zugeparkt sein!

Tankstellen findet man fast überall in erstaunlich großer Zahl; in dünn besiedelten Gegenden trotzdem zeitig nachtanken. Die meisten sind von 9 bis 18 Uhr geöffnet, manche auch sonntags, nur sehr wenige in Dublin und Cork rund um die Uhr. Es gibt fast

Überall Diesel und folgende Benzinar-
ten: Super Plus Unleaded (98 Oktan
bleifrei), Super Leaded (97 Oktan Super, verbleit), Super Unleaded (95 Oktan
Benzin, bleifrei).
Bei **Unfällen** mit Verletzten stets sofort
die Polizei verständigen (einheitliche
Notrufnummer 999).
Zentrale des irischen **Automobilclubs**:
1 AA Headquarters, 23 Rock Hill,
Blackrock, Co Dublin, Tel. (01).
283355
Kostenlose Pannenrufnummer:
1 800-667788

Camping/Caravaning

In Irland gibt es 128 offiziell anerkann-
te Campingplätze. Sie sind fast immer
gut ausgestattet und bieten nur Ver-
Entsorgungsmöglichkeiten, aber nur
weniger sind ganzjährig geöffnet (s.
Routen-Infos). Die hervorragende Broschüre »Camping & Caravaning« mit
umfassenden Platz-Infos erhält man
von der Fremdenverkehrszentrale.
Die Plätze sind von der Fremdenver-
kehrsbehörde folgendermaßen klas-
sifiziert:
* bietet das für die Eintragung erfor-
derliche Minimum an Einrichtungen
** bietet eine beschränkte Auswahl
von Einrichtungen
*** bietet eine gute Auswahl von Einrichtungen und gute Leitung
**** bietet zahlreiche Einrichtungen
und eine Leitung, die sich hohe An-
forderungen stellt
Freistehen ist offiziell nicht gestattet.
Dazu fehlt die nötige Infrastruktur
(keine Entsorgungsstationen). Wer
auf einem Parkplatz für eine Nacht
steht und sich ordentlich verhält, wird
wohl nirgends Probleme haben.
Auch wenn man bei einem Bauern
freundlich anfragt, wird man selten
eine Absage erhalten (und sich
dann sicher durch ein paar Pfund re-

vanchieren oder indem man frische
Lebensmittel bei ihm kauft). Übrigens
haben wir uns selten so sicher gefühlt
wie in Irland. Für längere Aufenthalte
sollte man natürlich auf einen Campingplatz gehen.

Ver-/Entsorgung

Ver-/Entsorgungsstationen außerhalb
der Campingplätze haben wir in Irland nie gesehen. Selbst passionierte
Freisteher sollten daher gelegentlich
einen Campingplatz anzusteuern, um
Abwasser- und Fäkaltanks zu entleeren. Dort (aber auch in vielen Ge-
schäften) bekommt man auch blaue
Gasflaschen mit internationalen An-
schlüssen.
Trinkwasser haben wir meist an Tankstellen aufgefüllt. Achtung: in entlegenen Gegenden kann das Lei-
tungswasser direkt aus dem nächsten
See kommen und sollte vorsichtshal-
ber abgekocht werden. Normal ve-
schmutztes **Abwasser** kann notfalls in
die Kanalisation entleert werden, vorausgesetzt es ist nur normal ver-
schmutzt. **Chemietoiletten** dürfen
nur auf Plätzen mit entsprechender
Einrichtung entsorgt werden, nicht in
öffentliche Toiletten und natürlich kei-
nestfalls irgendwo in der Natur!! Dank
einer NOKEM-Entlüftung können wir
auf Chemie ganz verzichten und daher auch in öffentliche Toiletten (oder
an Tankstellen) entleeren.

Einkaufen

Supermärkte oder Lebensmittelge-
schäfte findet man in fast allen Ortschaften. Ihre Öffnungszeiten sind
recht unterschiedlich, meist 9-18 Uhr,
donnerstags und freitags oft bis 21
Uhr. Die Preise sind etwas höher als in
Deutschland. Alkoholika bekommt
man ebenfalls im Supermarkt. Viele
Tankstellen (z.T. auch Postämter) ha-

ben einen kleinen Laden, in dem man alles nötige bekommt. Nutzen Sie die Möglichkeit, frische Lebensmittel wie Eier, Milch, Butter, Käse, Obst direkt bei Bauern zu kaufen (Schilder am Straßenrand weisen darauf hin) und dabei nette Kontakte zu schließen.

Fotomaterial

Nehmen Sie unbedingt reichlich Filmmaterial mit (ungefähr doppelt soviel wie Sie zu brauchen glauben), denn die Fülle der Motive und Lichtstimmungen ist überwältigend und die Preise in Irland sind hoch; z.B. für Diafilme ohne Entwicklung etwa doppelt so hoch wie bei uns mit Entwicklung. Außerdem sind Diafilme nicht immer leicht zu bekommen. Versuchen Sie es bei Tourist-Informations und Drogerien (pharmacy). Negativfilme findet man auch in Supermärkten, Souvenirshops und Tankstellen.

Telefon

Die Telefonverbindungen von Irland zum Kontinent sind sehr gut und waren stets problemlos herzustellen. Sowohl Münzfernsprecher als auch Kartentelefone sind verbreitet, und da man auch Pfundmünzen einwerfen kann, sind auch Auslandsgespräche mühelos möglich (anders als z.B. in den USA). Eine Telefonkarte mit 10, 20, 50 oder 100 Einheiten besorgt man sich bei einer Tourist-Info, bei der Post oder beim News Agent. Die Gebühren für Gespräche nach Deutschland betragen etwa IR £ pro Minute.

Vorwahlen *vom Kontinent nach*
Irland 00353
Nordirland 0044
von Irland bzw. Nordirland nach
Deutschland 0049
Österreich 0043
Schweiz 0041

(anschließend bei der Ortsvorwahl die Null weglassen)
Gebührenfreier Notruf: 999
Auskunft: 1190
Tip: In öffentlichen Telefonzellen kann man sich auch zurückrufen lassen.

Stromversorgung

Die Netzspannung beträgt 220V wie bei uns, die Steckdosen entsprechen jedoch der britischen Norm. Adapter gibt es in Elektro- und Haushaltswarengeschäften.

Zeit

In Irland gehen die Uhren fast das ganze Jahr gegenüber denen Mitteleuropas eine Stunde nach, da dort Westeuropäische Zeit bzw. GMT gilt. Da jedoch die Sommerzeit erst Ende Oktober endet, sind irische Zeit und MEZ einige Wochen identisch. Denken Sie daran, Ihre Uhr auf der Fähre rechtzeitig umzustellen – und zwar zurück! Ich habe meine auf der ersten Fahrt gleich umgestellt, aber in die verkehrte Richtung – und bin dann schon um 5 Uhr aufgestanden!

Reiseliteratur

Irland, Ralph-Raymond Braun, Michael Müller Verlag (sicherlich der beste Reiseführer über Irland)
Irland, Hans-Günter Semsek, Reise Know-How Verlag Peter Rump (nach dem o.g. Buch das zweitbeste am Markt und derzeit aktuellster)
Irland, Margit Wagner, Prestel Verlag (kein Reiseführer, sondern eine Reisereportage, aber dafür wunderschön zu lesen und trotzdem sehr informativ)
Irland, A.Steinecke, Mundo (relativ knappe Reiseinfos aber dafür sehr viel Hintergrundinformation)
Irland & Nordirland. Interconnections-Reiseführer (sehr detailliert, aber

stellenweise eigenartiger Stil und gelegentlich Übersetzungsfehler)

Irland mit Nordirland, Barbara
Schaff, Artemis (übersichtlich, informativ und unter allen bisherigen Büchern
mit Abstand am schönsten illustriert)
Irland, HB-Bildatlas (bestens dazu geeignet, sich einen Überblick zu ver-
schaffen und enthält zu gleich gute
Straßenkarten und schöne Fotos)

Sprachführer

»**Irisch-Gälisch Wort für Wort**«, Kau-
derwelsch Band 90, Reise Know-How
Verlag Peter Rump. Handlicher und
hervorragend gemachter Sprach-
und Sprechführer mit nützlichen Tips.

Straßenkarten

Irland, Nordirland, Eurocart, RV Verlag
1 : 300.000 (auch als Euroatlas erhält-
lich)

Glossar

Bodhran – mit Ziegenhaut bespann-
te irische Trommel
Boheen – schmale, von Hecken
gesäumte Landsträßchen
Brehon Law – das alte keltische Recht
Busker – Straßenmusiker
Ceilidh – uralte Tradition abendli-
chen Musizierens, Singens und Ge-
schichtenerzählens
Clochan (Clochan) = Bienenkorb-
hütte, frühgeschichtliche, aus Steinen
aufgeschichtete Hütte in der Form
eines Bienenkorbes
Crannog – Siedlung auf einer künstli-
chen, mit Palisaden befestigten Insel
Curragh – traditionelles, schwarzes
Lederboot (heute auch aus Holz und
geteertem Segeltuch) mit schlan-
kem Rumpf, das sich in den unruhi-
gen Küstengewässern bewährt hat.

Dolmen – (Hünengrab) prähistori-
sches Kammergrab mit schwerer
Deckplatte
Fianna – (Fenier) legendäres Volk
der altirischen Sagenwelt aus vorkel-
tischer Zeit
Filidh – altirische Barden, Sänger,
Dichter und Seher, die ein minde-
stens siebenjähriges Studium absol-
vieren mußten
Gaeltacht – gälischsprachige Regionen; besonders auf den Halbinseln im
Westen und Nordwesten anzutreffen
Jaunting Car – hochrädriger,
einachsiger Pferdekarren, auf dem
man seitlich zur Fahrtrichtung sitzt.
Keen – irische Totenklage der Frauen
Ogham Steine – Aufgerichtete Steine mit runenartigen Ogham-Schrift-
zeichen (benannt nach Ogmios,
dem keltischen Gott der Schrift), die
entlang der Kante oder einer Linie
verlaufen. Das 20 Zeichen umfassen-
de Ogham Alphabet besteht aus
Gruppen von bis zu fünf Strichen und
wurde zwischen dem 4. und dem 12.
Jahrhundert verwendet.
Poteen – selbstgebrannter Schnaps
Seisiun – organisierte Form des
Ceilidh (s.o.)
Shamrock – Kleeblatt anhand dessen St. Patrick die Dreifaltigkeit erklär-
te; Symbol für Irland
Sidhe – Feen (s. Kasten S.)
Slainte – (gespr.: »Slontsche«), das
irische »Prost« beim Zutrinken
Tanist – Nachfolger eines Clan-Ober-
hauptes
Tinker – das »Fahrende Volk« Irlands,
ethnisch nicht mit den Zigeunern
verwandt (s. Kasten S.)
Tra – gälisch: Strand
Tuatha De Danann – vorkeltisches
Volk, das die Fir Bolg vertrieb
Uillean Pipes – irische Form des Du-
delsacks, in den die Luft nicht gebla-
sen, sondern mit dem Ellbogen ge-
drückt wird

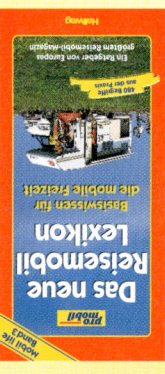